Ebner / Mai

Wenn aus Steinen Rosen wachsen

22 Bußgottesdienste

Martin Ebner / Stefan Mai

Wenn aus Steinen Rosen wachsen

22 Bußgottesdienste

echter

1. Die Liedvorschläge beziehen sich auf das Gotteslob (GL) und das Liederbuch »Troubadour für Gott«, 2. Aufl., Würzburg 1991.
2. Aus der Hand von Kaplan Robert Flörchinger, Würzburg, stammen die Zeichnungen und die Spruchkarte im Materialteil.

Für die Erteilung der Abdruckgenehmigungen danken wir darüber hinaus dem Kreuz-Verlag, Silja Walter und Sieger Köder.

Die Deutsche Bibliothek – CIP-Einheitsaufnahme

Ebner, Martin:
Wenn aus Steinen Rosen wachsen : 22 Bußgottesdienste /
Martin Ebner ; Stefan Mai. – Würzburg : Echter, 1991
ISBN 3-429-01382-8

Mitglied der Verlagsgruppe »engagement«

Umschlag: Ernst Loew (Umschlagbild: »Labyrinth und Rose«, © Sieger Köder)
Gesamtherstellung: Echter Würzburg
Fränkische Gesellschaftsdruckerei und Verlag GmbH
ISBN 3-429-01382-8

Inhaltsverzeichnis

Vorwort

Der Boom der Bußgottesdienste – jedenfalls im Sinne der »billigen Beichte« – ist vorbei. Daß aus dem Umland die »Bußwilligen« in Bussen zu Kirchen angekarrt werden, wo ein besonders »aufgeschlossener« Pfarrer in der Advents- und Fastenzeit einen Bußgottesdienst anbietet, der einem den lästigen Gang in den Beichtstuhl erspart, dieser kirchliche Tourismus gehört der Vergangenheit an. Gott sei Dank! Das haben Pfarrer und Gläubige längst gemerkt: Mit einer schnellen Absolutionsformel ist weder dem persönlichen Problemdruck noch der pastoralen Situation geholfen. Der Bußgottesdienst kann die persönliche Beichte im Rahmen eines Beichtgespräches und geistlichen Austausches nicht ersetzen. Wer nur kam, um sein katholisches Pflichtgefühl »empfange regelmäßig, wenigstens aber in der österlichen Zeit die Sakramente der Buße und des Altares« mit einer Absitzstunde zu beruhigen, dessen Platz bleibt auch in den Bußgottesdiensten inzwischen mehr und mehr frei.

Der Bußgottesdienst, durch den Ordo Paenitentiae vom ersten Adventssonntag 1973 in das offizielle gottesdienstliche Leben der Kirche eingeführt und ausdrücklich empfohlen, wollte von Anfang an keine Alternative zur persönlichen Beichte sein, sondern soll sichtbar zum Ausdruck bringen: In mehrfacher Hinsicht stehe ich mit meiner Schuld vor Gott nicht allein. (1) Mein persönliches Versagen zieht Kreise; durch mein Fehlverhalten werden anderen Wunden zugefügt; durch meine persönliche Schuld verliert die ganze christliche Gemeinde an Glaubwürdigkeit; ich habe meine Schuld auch vor den anderen zu verantworten. (2) Aber ich werde mit meiner Schuld nicht alleingelassen: Im Idealfall leidet die Gemeinde nicht nur *an* mir, sondern auch *mit* mir; durch mein Kommen zeige ich anderen: Ich bitte um euer Verständnis und eure Vergebungsbereitschaft; ich rechne mit eurer Unterstützung und Solidarität. Die Bitte des allgemeinen Schuldbekenntnisses »... und euch, Brüder und Schwestern, für mich zu beten bei Gott unserm Herrn ...« wird im Bußgottesdienst handgreiflich. (3) Nicht an jeder Schuld bin ich allein schuld. Auch eine ganze Gemeinde kann hinter dem Auftrag Christi zurückbleiben. Viele Aufgaben der Gemeinde können nur gemeinsam gelöst werden. Eine Gemeinde kann sich in stumpfer Selbstgefälligkeit und Wirkungslosigkeit verlieren, wenn sie sich nicht immer wieder als ganze den Anforderungen Jesu stellt. Nirgends wird deshalb deutlicher, was mit dem Schlagwort ecclesia semper reformanda gemeint ist, als im Bußgottesdienst. So verstanden kann der Bußgottesdienst zu einem Ort der Gewissensschulung und Sensibilisierung für Bereiche werden, für die sich der einzelne gern aus der Verantwortung zieht. (4) Ich stehe nicht allein als Sünder da. Im Bußgottesdienst bekennen sich viele mit mir als Gemeinschaft der Sünder vor Gott. Ich brauche keine Angst zu haben, daß ich mein Gesicht vor den anderen verliere, wenn ich zu meinem Versagen stehe. Im Gegenteil: Es steht den Gemeindegliedern gut zu Gesicht, wenn sie sich nicht als die Selbstherrlichen und Gerechten gebärden, sondern sich eingestehen: Auf dem Weg Jesu bleiben wir alle immer stümperhafte Anfänger. Wer selbstkritisch sein Versagen spürt und darunter leidet, ist in einer solchen Gemeinschaft gut aufgehoben.

Aus diesem Grundansatz heraus sind die folgenden 22 Bußgottesdienste entstanden. Im Verlauf von mehreren Jahren wurden sie in verschiedenen Gemeinden der Diözese Würzburg gefeiert. Bewußt wurden Fragestellungen und konkrete Probleme von Menschen in der jeweiligen Gemeinde aufgenommen. In einzelnen Fällen wurden die Fragen sogar mit kleineren Zielgruppen erarbeitet.

Bewußt werden nicht immer alle klassischen Punkte des Gewissensspiegels (ich selbst – ich und meine Umwelt – ich und Gott; Zehn Gebote) behandelt. Angeregt durch die kirchliche »Jahreszeit« wird gewöhnlich nur ein spezieller Aspekt besonders beleuchtet: einmal mehr die mitmenschlichen Beziehungen, einmal mehr die eigene Charakterstruktur; einmal wird die Schuldproblematik mehr unter dem Aspekt des persönlichen oder kollektiven Versagens, einmal mehr unter dem Aspekt der Hilflosigkeit zur Sprache gebracht. Im Sinn einer Gewissensschulung verstehen sich die vorgelegten Bußgottesdienste als Mosaiksteine, die, erst im Laufe von Jahren zusammengesetzt, das große Feld »Glaube in der Welt« abdecken.

Es empfiehlt sich, die traditionellen Zeiten für Bußgottesdienste einzuhalten: die Advents- und Fastenzeit. Darüber hinaus legen manchmal besondere Tage oder die Arbeit mit bestimmten Zielgruppen die Feier eines Bußgottesdienstes nahe. Dafür sind die Bußgottesdienste im dritten Teil gedacht.

Im Aufbau der Bußgottesdienste wird bewußt auf eine längere Homilie verzichtet, um den Gottesdienst nicht mit Worten zu überfrachten. Die ohnehin begrenzte Konzentrationsfähigkeit soll sich vor allem auf die Fragen zur Gewissenserforschung richten, die von einer thematischen Einführung und einer Hinführung zum Schrifttext flankiert werden.

Für die praktische Durchführung wäre es sicher günstig, die Fragen blockweise von verschiedenen Sprechern lesen zu lassen. Manchmal sind die verschiedenen Sprecher direkt mit L 1 und L 2 gekenn-

zeichnet. Vor allem ist es wichtig, zwischen den einzelnen Fragen und besonders zwischen den Blöcken längere Pausen zu lassen, um den Mitfeiernden Zeit zu geben, über sich nachzudenken und die Fragen auf ihr eigenes Leben hin umzusetzen.
Der Gottesdienstleiter sollte den Bußgottesdienst möglichst nicht erst eine Stunde vor Beginn der Feier zur Hand nehmen. Denn oft gibt es Verschiedenes zu organisieren und vorzubereiten: ein Meditationsbild zu bestellen, ein Dia zu besorgen, eine Vorlage zu kopieren, ein Musikstück auszusuchen. Wer rechtzeitig plant, für den wird es ein leichtes sein, sich die erforderlichen Medien, die jeweils unter der Überschrift »Vorbereitungen« angegeben sind, zu beschaffen.
Es wäre wünschenswert, wenn die abgedruckten Bußgottesdienste nicht einfach blindlings übernommen, sondern für den eigenen Gemeindehorizont überarbeitet und spezifiziert würden. Die beste Vorbereitung für die Feier des Bußgottesdienstes aber wird sein: bevor ich anderen Fragen stelle, mich selbst den Gewissensfragen zu stellen.

Fastenzeit 1991 *Martin Ebner und Stefan Mai*

Bußgottesdienste zum Advent

1. Wer klopfet an?

Vorbereitung: Große Tür, halboffen (Pappkarton oder echter Türrahmen mit Tür – vom Schreiner des Ortes).
Vorsänger, die das Adventslied »Wer klopfet an?« einstudieren und die den Zwiegesang (Männer/Frauen) strophenweise vortragen. Notfalls genügt die Aufnahme von einer Weihnachtsplatte (z.B. C. Orff, Weihnachtsgeschichte und Weihnachtslieder: CD 7695612/Harmonia Mundi Deutschland).

Lied: GL 107, 1.4 (Macht hoch die Tür)

Einleitung

Eines der beliebtesten Adventslieder ist »Macht hoch die Tür«. Türen haben wir täglich in der Hand, ohne uns dabei etwas Großes zu denken: daheim, in der Schule, im Geschäft. Immer wieder klopfen wir an, läuten wir, warten wir, öffnen die Tür, verschließen sie, schieben den Riegel vor. Eine Tür ist mehr als nur ein Gestell aus Holz, Stahl oder Glas. Die Tür ist Ausdruck einer inneren Haltung. Denken Sie heute einmal mit mir über die Tür nach. Sie werden spüren: Es ist ein Nachdenken über sich selbst.

Lied: GL 107, 5 (Komm, o mein Heiland Jesu Christ)

Gebet

Verborgener Gott.
Du läßt uns Menschen gewähren,
du wartest und greifst nicht ein.
Du gibst uns Zeit,
du öffnest uns Wege,
du redest zu uns in Langmut und Liebe.
Wir danken dir für deine Geduld.
Bring uns heute zur Besinnung.
Mach uns offen für dich.
Darum bitten wir durch Jesus Christus.

(Meßbuch, S. 313)

Hinführung zur Gewissenserforschung

Heute steht eine große Tür vor uns. Sie will uns an unsere eigene Wohnungstür erinnern, an die Türen, die wir täglich auf- und zumachen. Türen können Menschen einladen und können Menschen aussperren.
Auch Josef und Maria haben an Türen geklopft. Davon singt eines unserer bekanntesten volkstümlichen Adventslieder. Von seinen Worten wollen wir uns zum Nachdenken anregen lassen.

Fragen zur Gewissenserforschung

»Wer klopfet an?« (1. Strophe)

(L 1) Wer klopfet an? Zwei Menschen werden an der Tür abgefertigt. Wir empören uns über diesen Wirt und seinen barschen Umgangston. Aber habe ich mir schon einmal überlegt:
(L 2) Wie gehe ich mit Menschen an meiner Haustür um?
Fertige ich Menschen, die etwas von mir wollen, immer an der Tür ab?
Sage ich: »Komm, bleib nicht in der Tür stehen, komm herein!«?
Wie empfange ich Kinder, die mit meiner Tochter oder meinem Sohn in unserem Haus spielen wollen?
Kann ich mich noch über einen Besuch freuen, der an meine Tür klopft? Oder denke ich: Ich sehe dich lieber von hinten als von vorn?
Nehme ich mir für einen Besuch bewußt Zeit zum Gespräch?
Mache ich meine Tür noch persönlich auf, oder hören mich Menschen nur durch kalte Sprechanlagen?

»Wer vor der Tür?« (2. Strophe)

(L 1) Wer vor der Tür? Zwei Menschen werden abgefertigt, weil sie nichts zu bieten haben.
(L 2) Habe ich ein offenes Ohr für die Bitten mancher Mitmenschen?
Bin ich ein offener Mensch auch für Menschen, die mir scheinbar nichts bieten können, oder will ich es nur mit Gutangesehenen zu tun haben?
Spreche ich als junger Mann/junge Frau auch mit jemandem, der nicht gerade als »Schönheit« gilt?
Öffne ich einem die Tür, der mir unsympathisch ist?
Spreche ich überhaupt mit solchen Menschen?
Bin ich ein offener Mensch – oder falsch, der süß spricht, aber ganz anders denkt?

»Was weinet ihr?« (3. Strophe)

(L 1) Was weinet ihr? Zwei Menschen werden in der Kälte stehengelassen.
(L 2) Lassen wir Menschen in der Kälte stehen?
Wie gehe ich mit den Marotten meiner alten Eltern um?
Lasse ich sie immer hinter ihrer Zimmertür in ihren vier Wänden sitzen?
Wie oft fertige ich meinen Ehepartner (Eltern, Kinder) kaltschnäuzig ab?
Wie oft knalle ich die Tür nach einem Streit zu?
Wie gehen wir in unserer Kirchengemeinde mit Menschen um?
Wirken wir auf Menschen, die der Kirche fernstehen, einladend oder abschreckend?
Wie gehen wir um mit Menschen, deren Ehen gescheitert sind?
Zeigen wir nur selbstherrlich auf sie mit dem Finger?
Wie gehen wir in unserer Kirchengemeinde mit Neuzugezogenen um?
Lassen wir diese Menschen überhaupt hereinkommen oder sperren wir uns dagegen?
Wie handeln wir Kirchgänger draußen vor der Kirchentür?
Handeln wir so, wie wir beten und singen, oder vergessen wir alles?

»Da geht nur fort!« (4. Strophe)

(L 1) Da geht nur fort! Zwei Menschen werden fortgejagt und wissen nicht mehr ein und aus.
(L 2) Habe ich Menschen schon einmal in die Lage gebracht, daß sie nicht mehr ein und aus wußten?
Habe ich Menschen schon einmal einfach auf die Straße gesetzt?

(L 1) Ich stelle mir vor: Gott selbst steht vor meiner Tür.
(L 2) Versuche ich, im Gebet Türen zu Gott zu finden?
Lasse ich manchmal Gott an mein Gewissen klopfen?
Habe ich anderen Menschen schon einmal eine Tür zu Gott geöffnet?
Ist es mir ein Anliegen, auch meine Kinder an diese Tür zu führen?

Schrifttext

Der Verfasser des letzten Buches der Bibel, der sogenannten »Geheimen Offenbarung«, der Apostel Johannes, wendet sich an sieben christliche Gemeinden in ehemals blühenden Städten der heutigen Türkei. Die meisten von ihnen stehen in großem Wohlstand und gleichzeitig in der Gefahr, Gott an den Rand zu drängen. Johannes stellt ihnen das gleiche Bild vor Augen, mit dem wir uns bei unserer Besinnung beschäftigt haben: die Tür, an die Gott klopft und auf Antwort wartet.

Schriftstelle: Offb 3,20–22

Schuldbekenntnis – Zusage der Vergebung

Gemeinsames Gebet

Gott, in vielen Situationen stehst du vor meiner Tür.
Wir rufen zu dir: Mach' mich offen, Herr. A: Mach' mich offen, Herr!
Wenn ich mich verschließe... A: Mach' mich offen, Herr.
Wenn ich verstockt bin...
Wenn ich keinen an mich heranlasse...
Wenn ich enttäuscht bin und keinem Menschen mehr traue...
Wenn ich nur mich selbst sehe...
Gott, du klopfst bei mir an.
Wir rufen zu dir: Laß mich auf dich hören, Herr. A: Laß mich auf dich hören, Herr.
In der Bitte von Menschen... A: Laß mich auf dich hören, Herr.
Im Wort des Evangeliums...
Im Leid...
In schwierigen Entscheidungen...
In den Fragen von Menschen...
Im Gebet...
In der Stille...

Vaterunser – Segen

Schlußlied: GL 105 (O Heiland, reiß die Himmel auf)

2. Es ist dunkel

Lied: GL 555,1–2 (Morgenstern der finstern Nacht)

Einleitung

Jetzt werden die Tage wieder kurz. Schon am späten Nachmittag fängt es an zu dämmern. Die Nächte sind länger als der Tag. Die einen freuen sich, wenn sie unter Lampenlicht oder bei Kerzenschein dasitzen und es draußen ruhiger wird. Die anderen bedrückt die frühe Dunkelheit. Stärker als sonst spüren sie ihre eigene Einsamkeit. Bei den einen weckt Dunkelheit romantische Gefühle, bei den anderen Angst. Dunkelheit hat viele Gesichter.

Lied: GL 292,1 (Herr, dir ist nichts verborgen)

Gebet

Herr unser Gott,
du hast unseren Tagen einen Rhythmus gegeben:
Dunkelheit und Licht wechseln einander ab.
Auch in unserem Leben gibt es die dunklen und die lichten Tage.
Auch in uns tragen wir dunkle und helle Seiten.
Gib, daß diese Stunde jetzt eine Gelegenheit ist,
beides anzuschauen.
Gib mir den Mut, Gott,
mich vor mir selbst und vor dir nicht zu verbergen.

– Licht aus –

Fragen zur Gewissenserforschung

1. In der Dunkelheit bleibt vieles verborgen
In der Nacht sind alle Katzen grau, heißt es. Was sind die dunklen Punkte in meinem Leben?
Was sind die Ereignisse und die Stunden, bei denen ich Angst habe, daß sie ans Tageslicht kommen?
Bin ich mir meiner dunklen, gefährlichen Charaktereigenschaften bewußt?
Welche Namen haben sie?
Kämpfe ich mit ihnen?

Nutze ich Augenblicke im Leben aus, in denen ich mich unbeobachtet fühle?

2. Dunkelheit kann einem Angst machen
Was macht mir Angst?
Was ist meine größte Angst im Leben?
Vor welchen Menschen habe ich Angst?
Warum habe ich eigentlich vor ihnen Angst?

3. Dunkelheit ist auch ein Ort des Nachdenkens
Kann ich, wenn es dunkel ist, auch etwas anderes tun als fernsehen?
Kann ich die Stimmung der Dunkelheit auch genießen?
Nutze ich manchmal schlaflose Stunden, um über mich nachzudenken?
Oder kann ich solche Stunden überhaupt nicht ertragen?

4. Dunkelheit ist eine Zeit zum Ruhen und zum Schlafen
Mache ich die Nacht zum Tage?
Wie gehe ich um mit der Ruhe der Nacht?
Nehme ich Rücksicht auf meine Nachbarn?
Gönne ich meinem Körper den nötigen Schlaf?

5. In der Dunkelheit kann man sich schrecklich allein vorkommen
Weiß ich, was Einsamkeit ist?
Kenne ich einsame Menschen, und wie gehe ich mit ihnen um?
Stelle ich mich auf Einsamkeit im Leben ein?
Bin ich mir bewußt, daß jeder – auch ich – sie früher oder später durchmachen muß?
Kapsle ich mich ab? Schließe ich mich selbst aus?

6. In der Dunkelheit kann man sich schlecht orientieren
In welchen Fragen würde ich mir für mein Leben Wegweisung und Orientierung erhoffen?
Ist mir mein Glaube in aller Richtungslosigkeit ein Geländer am Weg?

7. Nächte können oft bitter kalt sein
Bekomme ich im Leben vom eiskalten Klima in manchen Gesellschaftsbereichen etwas ab?
Unter welcher Kälte muß ich persönlich leiden?
Bin ich selbst ein Mensch, der auf andere eiskalt wirkt?

8. Konfrontation mit dem Licht
Die Dunkelheit ist zwar angstmachend, bedrückend, ein Stück unheimlich und beklemmend. Aber sie hat auch Vorteile. Keiner sieht

mich. Mein wahres Gesicht bleibt verdeckt. Ich kann mich verstekken. Vieles bleibt verborgen. Vieles kommt nicht heraus.

– Licht in der ganzen Kirche in voller Stärke an –

Wie unangenehm ist ein solches Licht! Es legt offen, leuchtet aus, stellt fast bloß und tut irgendwie weh.
Ich glaube: Jede Bußbesinnung ist wie dieses Licht. Es tut weh. Es legt vieles bei mir offen. Es leuchtet geheime Herzenskämmerchen aus.

Schrifttext

Der Volksmund sagt: »Ein Auge ist, das alles sieht, selbst was in dunkler Nacht geschieht«. Dieses Wort beruft sich auf Ps 139. Ein gefährliches Wort, wenn ich es im Sinn eines »Polizistengottes« oder eines »big brother« deute, aber ein tröstliches Wort, wenn ich es so empfinden kann, wie der Psalm es möchte: Du brauchst keine Angst zu haben. Gott gibt auf dich acht.

Schriftstelle: Ps 139,1–18.23f.

Allgemeines Schuldbekenntnis – Zusage der Vergebung

Gemeinsames Gebet

GL 111 (Die Nacht ist vorgedrungen) gemeinsam beten

Vaterunser – Segen

Schlußlied: GL 108,1.3.4 (... Nun obsiegt kein Dunkel mehr ...)

3. Rat bei den Wüstenvätern

Vorbereitung: Ein Dia, das eine Mönchshöhle zeigt (Kellion) oder eine zerklüftete Wüstenlandschaft, könnte die Mönchsgeschichten veranschaulichen. Eine ruhige Meditationsmusik (z. B. Panflöte) aufnehmen.
Vorbemerkung: Zwei Lektoren wären für die Fragen zur Gewissenserforschung gut: L 1 für die Mönchsgeschichten, L 2 für die Fragen, die in die jeweils unterbrochene Mönchsgeschichte eingeschoben sind.

Lied: GL 106, 1–3 (Aus Gestein und Wüstensand)

Einleitung

Weihnachten steht vor der Tür.
Weihnachten, das Fest der Liebe, das Fest des Friedens.
Mit Geschenken werden wir es den anderen sagen: Ich habe dich gern. Gut, daß es dich gibt. Mit Briefen und Karten bringen wir zum Ausdruck: Ich hab' dich nicht vergessen.
Das Weihnachtsevangelium verkündet: Friede den Menschen auf Erden.
Und doch: Fast jeder Mensch muß sich an diesem Fest der Liebe zugestehen: Es gibt Menschen, mit denen komme ich nicht zurecht. Es gibt Menschen, die mir unsympathisch sind. Es gibt Menschen, mit denen ich vielleicht sogar in Feindschaft auseinandergegangen bin – und das schmerzt.

Bußruf: GL 160, 1.2.6 (Tut Gutes allen, helft den Unterdrückten)

Gebet

Herr, unser Gott.
Junge und alte Menschen,
einfache und kluge,
erfolgreiche und solche, die sich schwertun,
hast du hier zusammengeführt als deine Gemeinde.
Gib einem jeden
etwas von deinem guten, heiligen Geist,
damit wir dich und uns selbst
und einander besser verstehen
und vorankommen auf dem Weg,
auf den du uns miteinander gestellt hast.
Darum bitten wir durch Jesus Christus.
(Meßbuch, S. 310)

Hinführung zur Gewissenserforschung

Schon seit jeher hat Menschen dieses Thema unter den Nägeln gebrannt. Sie suchten Antworten und Ratschläge zu dieser schwierigen Lebensfrage.

– Dia und Musik –

Vor 1600 Jahren waren sie es, die sehr oft um Rat gefragt wurden: die Wüstenväter. Sie lebten in der Wüste, alleine, mit einem kargen Lebensstil. Hinausgezogen sind sie, um über ihre eigenen Sünden zu weinen und gegen ihre Leidenschaften zu kämpfen. Sie, die ganz alleine lebten, in Höhlen und Steilwänden, sie wurden aufgesucht und um Rat gefragt. Schon damals haben sie mit ihren kernigen Antworten die Fragenden verblüfft und zum Nachdenken gebracht.
Heute, in unserem Bußgottesdienst, wollen auch wir zu diesen alten Wüstenvätern gehen, um uns Rat zu holen.

– Musik –

Fragen zur Gewissenserforschung

(L 1) Eines Tages kam ein reicher Kaufmann zu einem Einsiedler. Er rief hinauf zu seiner Höhle: »Vater, meine Magd hat gekündigt. Und nun empfehlen mir Freunde, für sie ein Mädchen vom Land zu nehmen. Was rätst du mir?« »Ja«, antwortete der Einsiedler nach einer Weile, »stell' sie ein!«
Es dauerte keine zwei Monate, da kam der reiche Kaufmann wieder hinaus in die Wüste und bat den Einsiedler: »Vater, erlaube mir, sie wieder zu entlassen. Sie ist ein wahrer Teufel. Seit sie im Haus ist, kenne ich nur noch Wut und Raserei und habe mich nicht mehr in der Gewalt.«

(L 2) Bei welchen Menschen geht mir die Galle hoch?
Mit wem habe ich am meisten Schwierigkeiten?
Über wen muß ich mich oft aufregen?
Wer macht mir nichts gut genug?
Wen möchte ich am liebsten in die Wüste schicken?

(L 1) »Vater, erlaube mir, sie zu entlassen. Seit sie im Haus ist, kenne ich nur noch Wut und Raserei und habe mich nicht mehr in der Gewalt.« Da antwortete der Einsiedler: »Schick sie ja nicht fort! Sie ist ein Engel, den dir Gott gesandt hat, damit du siehst, wieviel Zorn in dir versteckt war. Das hätte dir deine frühere Magd nicht zeigen können.«

– Musik –

(L 2) Merke dir: Ein Mensch, mit dem du Schwierigkeiten hast, ist von Gott gesandt. Er will dir selbst etwas über deinen eigenen Charakter sagen!
Das ist die Antwort des Wüstenvaters.

– Musik –

(L 1) Der Klosterbruder einer Wüsteneinsiedelei war in schwere Sünde gefallen. Man hielt eine Versammlung ab und schickte zu Altvater Moses. Der aber wollte nicht kommen. Darauf schickte ihm der Abt den ausdrücklichen Befehl: »Komm, dein Volk erwartet dich!«

(L 2) Wem müßten meiner Meinung nach schon längst einmal richtig die Leviten gelesen werden?
Wem würde ich einmal einen anständigen Dämpfer wünschen?
Wem sollte Gott einmal einen saftigen Denkzettel verpassen?

(L 1) Endlich wird der sündige Bruder die gerechte Strafe bekommen, dachten alle. Aber Altvater Moses nahm einen durchlöcherten Korb, füllte ihn mit Sand und nahm ihn auf die Schulter. Die Brüder gingen ihm entgegen und fragten ihn: »Was ist das, Vater?« Da sprach der Greis zu ihnen: »Das sind meine Sünden. Hinter mir rinnen sie heraus, und ich sehe sie nicht. Und nun bin ich heute gekommen, um fremde Sünden zu richten.«

– Musik –

(L 2) Merke dir: Du hast nicht das Recht, über andere den Stab zu brechen!
Das ist die Antwort von Altvater Moses.

– Musik –

(L 1) Der Altvater Ammonas kam einmal in einen kleinen Ort und wollte dort etwas essen. Ganz in der Nähe befand sich aber eine Einsiedelei mit einem Bruder, der in schlechtem Ruf stand. Man hatte nämlich beobachtet, daß ihn des öfteren eine Frau in seiner Höhle aufsuchte. Als sich das herumsprach, gerieten die Einwohner des kleinen Ortes in große Aufregung und taten sich zusammen, um ihn aus seiner Einsiedelei zu vertreiben.
Als sie erfuhren, daß der Altvater und Bischof Ammonas am Orte sei, gingen sie zu ihm und forderten ihn auf, mit ihnen zur Höhle des Einsiedlers zu gehen. Ammonas ging mit. Jetzt mußte die Sache endlich auffliegen!

(L 2) Wo warte ich nur darauf, daß die Sache endlich auffliegt?
Was posaune ich über Menschen aus, die meiner Meinung nach moralisch nicht einwandfrei sind?
Wie rede ich von Menschen, die ohne Trauschein zusammenleben?
Wie verhalte ich mich zu Geschiedenen, die wieder heiraten?
Wie urteile ich über ein Mädchen, das ein uneheliches Kind bekommt?

(L 1) Jetzt mußte die ganze Sache einmal auffliegen. Als aber der Einsiedler die Menge kommen sah, nahm er die Frau und versteckte sie in einem großen Faß.
Altvater Ammonas durchschaute die Sache. Er trat in die Höhle, setzte sich selbst auf das Faß und ordnete eine Durchsuchung der Höhle an. Aber obwohl die Leute alles auf den Kopf stellten, fanden sie die Frau nicht. Da sagte der Altvater Ammonas: »Was ist das? Gott soll euch vergeben, daß ihr euren Bruder verleumdet habt!« Dann nahm er den Einsiedler bei der Hand und ermahnte ihn: »Gib auf dich acht, Bruder!«

– Musik –

(L 2) Merke dir: Oft ist es christlicher, Schuld zuzudecken, als sie an den Pranger zu stellen und in ihr herumzuschnüffeln!
Das ist die Lehre von Altvater Ammonas.

– Musik –

(L 1) Eines Tages kam eine Frau zu Altvater Bessarion und klagte ihm: »Vater Bessarion. Ich bin so unglücklich, so unzufrieden, weil ich von Gott im Leben benachteiligt worden bin. Was soll ich tun?«

(L 2) Wo fühle ich mich von Gott benachteiligt?
Wie fühle ich mich, wenn die Nachbarin besser aussieht und attraktiver ist als ich?
Was mache ich, wenn mein Arbeitskollege intelligenter und geschickter ist als ich?
Was empfinde ich gegenüber einer Familie, bei denen es daheim viel besser läuft als bei uns? Aus deren Kindern etwas geworden ist, während wir von unseren Kindern bitter enttäuscht sind?

(L 1) »Ich bin so unglücklich, weil ich von Gott benachteiligt worden bin. Was soll ich tun?« fragte die Frau. Der Greis antwortete ihr: »Schweige und vergleich dich nicht mit anderen!«

– Musik –

(L 2) Merke dir: Das dauernde Vergleichen mit anderen ist der Anfang aller Unzufriedenheit!
Das ist die Antwort von Altvater Bessarion.

– Musik –

Schrifttext

Was die Wüstenväter in vielen Geschichten ausfalten, das ist ihnen vom Evangelium her im Ohr: Die eindringliche Mahnung und Bitte Jesu um Versöhnung mit dem Bruder und der Schwester:

Schriftstelle: Mt 6,23–26

Allgemeines Schuldbekenntnis – Zusage der Vergebung

Noch heute singen die Mönche – wie damals – Litaneien. Litaneien vom Erbarmen Gottes. So rufen auch wir: Kyrie eleison. Christe eleison. Kyrie eleison (GL 762,2 jeweils als Antwortruf).
Herr, unser Gott:
Du weißt, daß wir uns mit manchen Menschen schwertun ... A: Kyrie eleison ...
Du weißt, mit welchen Menschen Beziehungen zerbrochen sind ...
Du weißt, wie schwer Vorurteile die Beziehungen untereinander belasten ...
Du weißt, wie leicht wir doch in das Gerede über Menschen miteinstimmen ...
Du kennst unseren Neid ...
Du kennst unsere Mißgunst ...
Du kennst unseren Zorn ...
Du kennst unsere eigenen Minderwertigkeitsgefühle ...
Du kennst aber auch unseren guten Willen ...
Du kennst auch unser gutes Herz ...
Du kennst auch unser Bemühen, Spannungen abzubauen ...
Du kennst auch unsere Sehnsucht, abgebrochene Beziehungen wiederaufzunehmen ...
Du kennst auch unseren Wunsch, Weihnachten in Frieden und Zufriedenheit feiern zu dürfen ...

Vaterunser – Segen

Schlußlied: GL 514 (Wenn wir jetzt weitergehen)

4. Der Engel des Herrn

Lied: GL 580, 1–5 (»Ave Maria, gratia plena«)

Einleitung

Morgens um sechs, mittags um zwölf und abends um sechs läutet auf den Dörfern die gleiche Glocke. Viele wissen nicht mehr, warum. Die Glocke läutet den »Engel des Herrn«. Die Stimme dieser Glocke gliederte früher den Arbeitsrhythmus. Sie war Beginn, Mitte und Abschluß des Arbeitstages. Für die Menschen früherer Generationen war sie Aufforderung zum Gebet. Auf den Äckern blieben die Bauern stehen, nahmen den Hut ab und falteten die Hände. Seit dem Mittelalter wollten einfache Menschen es mit dem »Angelus« den Mönchen nachmachen. Statt Laudes, Sext und Vesper beteten sie den »Engel des Herrn«.
Der »Engel des Herrn« war ein Gebet, mit dem Menschen zum Ausdruck bringen wollten: Ich will den Arbeitstag bewußt mit Gott beginnen, ich will ihn überdenken und ich will ihn mit diesem Gebet beschließen.

Gemeinsames Gebet

»Engel des Herrn« (GL 2, 7)

Schrifttext

Im »Engel des Herrn« wird uns die Glaubenshaltung Mariens vor Augen gestellt. Dieses Gebet möchte ihre Glaubenshaltung durch das ständige Wiederholen uns in Fleisch und Blut übergehen lassen. Der »Angelus« bringt auf eine kurze Form, was Lukas am Anfang seines Evangeliums erzählt:

Schriftstelle: Lk 1, 26–38

Fragen zur Gewissenserforschung

Lied: GL 902, 1 (Maria war mit Gott allein) oder GL 581, 1 (Ave Maria klare)

(L 1) Der Engel des Herrn brachte Maria die Botschaft.
An Maria wird ein Wunsch herangetragen. Sie überdenkt ihn. Sie muß sich entscheiden: Wie gehe ich damit um? Sie fragt nach.

(L 2) Wie reagiere ich, wenn ich um etwas gebeten werde?
Stimme ich unüberlegt zu?
Weise ich es von vornherein schroff ab?
Schiebe ich es auf die lange Bank?
Halte ich den anderen hin?
Frage ich im Gebet, was Gott von mir will?
Spreche ich auch andere Menschen an?
Weiß ich, wie gut es tut, wenn mich jemand anspricht?

(L 1) ... und sie empfing vom Heiligen Geist.
(L 2) Bin ich empfänglich für das Gute und Schöne?
Bin ich hellhörig im Leben, nicht nur, wenn ich vor dem Fernseher sitze?
Bin ich sensibel, wenn meine Kinder etwas drückt?
Glaube ich daran, daß auch mir im Leben große Dinge unverdient geschenkt werden?
Oder sehe ich alles als eigene Leistung?
Was empfange ich (habe ich ... empfangen) Gutes von meinen Eltern (Kindern, Partnern, Freunden)?
Glaube ich, daß Gott auch mir etwas durch seinen Geist ausrichten kann?

Lied: GL 902,2 (Als ihr enthüllt des Heiles Plan) oder GL 581,5 (Da sprach die Jungfrau reine)

(L 1) Maria sprach: Siehe ich bin die Magd des Herrn.
(L 2) Bin ich bereit hinzulangen, wo nichts zu verdienen ist?
Wie verstehe ich meine Arbeit?
Kenne ich Menschen, die auf meine Dienste angewiesen sind?
Was ist mein besonderer Dienst für unsere Gemeinde?
Was ist mein besonderer Dienst für Gott?

(L 1) Mir geschehe nach deinem Wort.
(L 2) Denke ich über Sein Wort nach, wenn ich es im Evangelium höre?
Glaube ich, daß Seine Verheißungen wahr sind?
Habe ich Worte, Lieder und Gebete, die mir Lebensprogramm sind und Halt und Richtung geben?
Oder richte ich mich nach den vielen Worten, die auf mich einströmen, und hänge mein Fähnchen nach dem Wind?

Lied: GL 902,3 (Da stieg herab vom Himmelsthron) oder GL 581,6 (Dies Lob sei dir gesungen)

(L 1) Und das Wort ist Fleisch geworden.
(L 2) Bleibt mein Glaube Lippenbekenntnis oder wird er Fleisch?

Diskutiere ich lieber über den Glauben, als ihn im Alltag umzusetzen?
Wenn ich mein Wort gegeben habe, können sich andere dann darauf verlassen?
Gebe ich Versprechen leichtsinnig? Oder kann ich wirklich hinter meinem Wort stehen?

(L 1) Und hat unter uns gewohnt.
(L 2) Darf Gott unter unserem Dach wohnen und in unserer Familie dabei sein?
Hat er einen festen Platz in meinem Leben?
Ist für mich die Kirche in unserem Dorf (unserer Gemeinde) ein Ort der besonderen Nähe Gottes?

Allgemeines Schuldbekenntnis – Zusage der Vergebung

Gemeinsames Gebet

»Hilf, Herr meines Lebens ...« (GL 622) abwechselnd beten.

Vaterunser – Segen

Schlußlied: GL 570 (Salve Regina)

5. Wehrlos wie ein Kind

Vorbereitung: Diaprojektor, Dia mit lachendem Kind.

Lied: GL 114,1–4 (Es kommt ein Schiff, geladen)

Einleitung

Wenn ein Kinderwagen durchs Dorf (durch die Straße) geschoben wird, bleiben wir gern stehen und schauen hinein. Wenn bei einer jungen Familie Besuch kommt, gehört es zum Ritus, als erstes das Baby zu zeigen. Und wie oft steht das kleine Kind dann im Mittelpunkt der Gespräche. Junge Eltern stehen oft vor ihrem schlafenden Kind und machen sich ihre Gedanken.
Auch wir wollen uns heute abend vor dem Gesicht eines kleinen Kindes unsere Gedanken machen.

– Licht aus – Dia mit lachendem Kind –

Hinführung zur Gewissenserforschung

Ein kleines Kind schaut uns an. Große erwartungsvolle Augen, ein Lächeln im Gesicht. Diese Offenheit, dieses Vertrauen, das mir von diesem Kindergesicht entgegenstrahlt! Und trotzdem: Wie abhängig ist ein solches Kind von erwachsenen Menschen! Es ist angewiesen auf Menschen, die es füttern und pflegen, die sich mit ihm abgeben, die ihm das Sprechen und Gehen beibringen, die einfach gut zu ihm sind.
Ein Kind: klein, angewiesen, ohnmächtig, wehrlos.

Fragen zur Gewissenserforschung

1. Wehrlos wie ein Kind – Gott selbst
In einem kleinen Kind kam Gott in Jesus zur Welt. Offene Türen und offene Herzen standen nicht für ihn bereit.
Gott selbst als Kind, klein, angewiesen, ohnmächtig, wehrlos.
Der große Gott, er schaut dich mit großen, vertrauensvollen Augen an. Er drängt sich nicht auf. Er lädt nur ein mit dem hilflosen und bettelnden Charme eines Kindes. Er wartet, ohnmächtig – wie ein Kind.
Du kannst dich mit ihm abgeben, du kannst mit ihm sprechen. Du

kannst ihn aber auch einfach sitzenlassen, links liegenlassen, du kannst ihn klopfen, wimmern, jammern und betteln lassen.
Du kannst ihn alleinlassen, buchstäblich verhungern lassen.
Gott selbst, wehrlos wie ein Kind.
Wie bin ich mit dieser Wehrlosigkeit umgegangen?

– Stille –

Kehrvers: »Kindelein im Stall, mach uns selig all, Kindelein so arm, dich erbarm« (GL/Würzburger Diözesanteil 839/1) oder GL 114,4 (Zu Bethlehem geboren)

2. Wehrlos wie ein Kind – der Mensch, der mir untergeben ist
Der Mensch, der mir untergeben ist, ist mir oft wehrlos ausgeliefert, egal ob im Betrieb oder in der Schule, egal ob im Verein oder in der Familie.
Mache ich mein Wohlwollen abhängig von meinen Sympathien, von meinen Launen?
Mache ich mein Wohlwollen davon abhängig, ob jemand vor mir buckelt, mir Komplimente macht, mir schöntut?

– Stille –

Kehrvers: »Kindelein im Stall...«

3. Wehrlos wie ein Kind – Menschen, die Fehler gemacht haben
Wer Fehler gemacht hat, ist angewiesen auf neues Vertrauen, neues Verständnis, neues Entgegenkommen.
Wie gehe ich mit solch wehrlosen Menschen um:
mit Kindern, die mich enttäuscht haben;
mit meinem Ehepartner, der mich verletzt hat und auf meine erneute Zuwendung wartet?
Wie gehe ich um mit Personen aus der Verwandtschaft, dem Freundeskreis, mit Personen aus meiner Pfarrei, die mir zu Unrecht weh getan haben, die mir nur schwer in die Augen sehen können?
Habe ich diese Wehrlosigkeit, diese Augenblicke ausgenutzt, habe ich zugestochen, habe ich einen solchen Menschen bewußt zappeln lassen?

– Stille –

Kehrvers: »Kindelein im Stall...«

4. Wehrlos wie ein Kind – jeder Mensch
Wehrlos wie ein Kind – das ist jeder Mensch, über den ich in Abwesenheit rede und der sich deshalb nicht verteidigen kann.
Ein solcher Mensch ist ohnmächtig gegenüber den Behauptungen, die sich mächtig in den Gehirnen der Klatschsüchtigen festfressen.
Habe ich solche Wehrlosigkeit ausgenutzt, habe ich solche Ohn-

macht mißbraucht, dem anderen geschadet und mich in ein falsches Licht gerückt?

– Stille –

Kehrvers: »Kindelein im Stall ...«

5. Wehrlos wie ein Kind – der alte, hilflose Mensch
Wehrlos wie ein Kind – der alte, hilflose Mensch, der wieder zum Kind wird.
Wie gehe ich mit der Wehrlosigkeit alter Menschen um?
Muß sich der alte Mensch bei mir Liebe und Zuwendung erkaufen?
Zählt die Oma, der alte Vater auch dann etwas, wenn es bei ihnen nichts zu holen gibt?
Mache ich mich über altersbedingte Schwächen lustig?
Kenne ich Frauen und Männer, die mit mir einmal im Altenclub waren, mit mir in einem Haus gewohnt haben, die inzwischen im Altersheim sind und die ich nie mehr gesehen habe?
Was habe ich einmal vor mit meinen eigenen Eltern, wenn sie alt und wehrlos sind?

– Stille –

Kehrvers: »Kindelein im Stall ...«

Schrifttext

Die Wehrlosigkeit, die Ohnmacht von Menschen auszunützen, das geißelt Jesus scharf, da wird er radikal. Hören wir ein Wort aus dem Mattäusevangelium:

Schriftstelle: Mt 18, 6.10

Allgemeines Schuldbekenntnis – Zusage der Vergebung

Gemeinsames Gebet

Gott, du schaust mich an Weihnachten an mit den erwartungsvollen, aber auch wehrlosen Augen eines kleinen Kindes. Wir rufen zu dir: Erbarme dich meiner. A: Erbarme dich meiner.
Du schaust mich an mit den Augen des Wehrlosen, über den ich herziehe ...
Du schaust mich an mit den Augen des Untergebenen, den ich meine Position spüren lasse ...
Du schaust mich an mit den Augen des wehrlosen Menschen, dessen Fehler ich ausschlachte ...

Du schaust mich an mit den Augen des alten Menschen, den ich spüren lasse: Du bist im Weg! ...
Du schaust mich an mit deinen eigenen wehrlosen Augen ...

Vaterunser – Segen

Wort auf den Weg

Oft sagen wir, wenn wir in das Gesicht eines wehrlosen Kindes schauen: Dem kann man doch nichts Böses antun, das wäre doch schuftig, diese Wehrlosigkeit auszunutzen. Gott muß sich doch dabei etwas gedacht haben, wenn er mir an Weihnachten als Kind aus der Krippe entgegenschaut: vertrauensvoll, einladend, ohnmächtig und wehrlos.
Ich glaube, Gott schaut mich mit den Augen eines Kindes an, weil er wie dieses Kind Gutes von mir erwartet und mir Gutes zutraut.
Ich glaube, Gott schaut mich mit den Augen eines Kindes an, weil er die guten Saiten in mir zum Klingen bringen will.
Das wehrlose Krippenkind fordert meine Güte heraus, ihm gegenüber und auch allen anderen gegenüber, die genauso wehrlose und ohnmächtige Züge tragen wie es selbst.
Gott traut mir angesichts dieses Kindes zu, daß ich gut bin.

Schlußlied: GL 114, 5–7 (Und wer dies Kind mit Freuden)

6. Labyrinth und Rose

Zu einem Bild von Sieger Köder

Vorbereitung: Das Bild »Labyrinth und Rose« von Sieger Köder beim Schwabenverlag Ostfildern als Meditationsbild bestellen (Best.-Nr. 335).

Lied: GL 299 (Manchmal kennen wir Gottes Willen)

Einleitung

Wer die gotische Kathedrale von Chartres betritt, dem wird ein Muster am Boden auffallen. Werden die Stühle weggerückt, erscheint ein riesiges Mosaiklabyrinth. Das Labyrinth war in mittelalterlichen Kirchen ein beliebtes Motiv. Viele Gläubige kamen nach Chartres und sind betend das Labyrinth abgerutscht. Der Malerpfarrer Sieger Köder hat dieses mittelalterliche Motiv und die Atmosphäre der Kathedrale von Chartres für sein Bild »Labyrinth und Rose« aufgegriffen.

Bußruf: GL 160, 3 (Hört seine Stimme, ändert euer Leben)

Gebet

Jesus, du sagst: Ich bin der Weg.
Und doch finden wir ihn nicht.
Jesus, du sagst: Ich bin das Licht.
Und doch sehen wir es nicht.
Jesus, du sagst: Ich bin die Wahrheit.
Und doch begreifen wir sie nicht.
Jesus, du sagst: Ich bin das Leben.
Und doch trauen wir ihm nicht.
Wir bitten dich:
Schenke uns Spürsinn, der nach dir sucht.
Schenke uns Augen, die nach dir Ausschau halten.
Schenke uns einen Verstand, der nicht aufgibt zu fragen.
Schenke uns eine Sehnsucht, die unsere Welt übersteigt.

Hinführung zur Gewissenserforschung

In diesem Bußgottesdienst wollen wir mit dem Bild von Sieger Köder in der Hand den Weg der mittelalterlichen Pilger mitgehen. Wenn sie kniend den Weg des Labyrinths entlangrutschten, dachten sie über ihren eigenen Lebens- und Leidensweg nach. Das Labyrinth wurde für sie zur symbolischen Lebensstraße.

Fragen zur Gewissenserforschung

1. Umgang mit Hindernissen
Versuchen Sie einmal, mit den Augen so eine Bahn im Labyrinth nachzugehen:
Ich schlage eine Richtung ein. Ich habe ein Ziel vor Augen. Meine Sehnsucht ist es, daß es immer geradeaus geht im Leben. Da stellt sich mir eine Mauer in den Weg, ein Hindernis. Ich kann nicht mehr geradeaus weiter. Mein Plan ist zerschlagen.
Was waren solche Punkte in meinem Leben?

– Längere Stille –

Es stellt sich mir im Leben ein Hindernis in den Weg.
Wie verhalte ich mich in solchen Situationen?
Bin ich niedergeschlagen?
Will ich mit dem Kopf durch die Wand?
Lasse ich mich hängen?
Bemitleide ich mich selbst?
Bleibe ich an der Frage hängen: Wer hat mir das in den Weg gelegt?

2. Halte ich einen »Rückschritt« aus?
Wenn ich weiterkommen will, mein Ziel erreichen will, muß ich gezwungenermaßen eine andere Richtung einschlagen. Es scheint rückwärts zu gehen.
Macht mich das völlig konfus?
Halte ich das für eine Niederlage?
Bin ich vor mir selbst ein Versager?
Mache ich mir alles madig, was ich mir bisher erkämpft habe?
Sehe ich, wenn ich zurückgehen oder zurückweichen muß, eine Chance, einen neuen Weg zu finden?

3. Ich komm' nicht mehr raus
Wer in das Labyrinth »Leben« eingetreten ist, der kann aus dem Kreislauf nicht ausbrechen, der muß einfach weitergehen, auch wenn es ihm eng wird.

Woran reibe ich mich besonders?
Wo habe ich das Gefühl, daß ich überall anstoße und mich verletze?
In welchen Situationen spüre ich, daß es mir innen eng wird?
Wovor oder vor wem habe ich Angst?
Habe ich das Gefühl, daß ich allein gehen muß – oder gibt es Menschen, mit denen ich reden kann?
Wo fühle ich mich hilflos und alleingelassen?
Gibt oder gab es Situationen in meinem Leben, in denen ich das Gefühl hatte: Jetzt steckst du in einer Sackgasse?
Glaube ich daran, daß in manchem Irren ein Sinn liegt?
Oder ist für mich jeder Irrgang automatisch gleich Irrsinn?

4. Ins Zentrum gehen
Das Labyrinth führt ins Zentrum. Je weiter es aber ins Innere geht, desto dunkler wird es.
Sehe ich meinen oft schwierigen Weg als Möglichkeit, mir selbst auf die Spur zu kommen?
Habe ich den Mut, über mich nachzudenken?
Habe ich den Mut, mich auf meine dunklen Charaktereigenschaften und diffusen Gefühle einzulassen?
Gehe ich ihnen auf den Grund oder flüchte ich davor und lenke mich ab?
Erinnere ich mich an Situationen, in denen ich gesagt habe: Ich kenn' mich mit mir selbst nicht mehr aus?
Von wem würde ich mir Hilfestellung und Klärung erhoffen?

5. »Umkehr«: nicht nach unten schauen
Wir sind den Wegen des Labyrinths gefolgt und auf dunkle und wunde Punkte in unserem Leben gestoßen. Aber der Maler Sieger Köder will nicht, daß unser Blick am Labyrinth, am Irrgarten des Lebens haftenbleibt. Er lenkt unseren Blick nach oben und läßt uns das sehen, was der Pilger sah, der auf den Knien das Labyrinth abgerutscht ist: die Rosette mit ihren bunten Glasfenstern, die die Kathedrale von Chartres in ein warmes Licht taucht.
Das will er uns sagen: Schau doch mitten aus deinem Lebenslabyrinth auf die Rosette, die ein Symbol für Gott ist. Mit einem sanften Licht werden deine Dunkelheiten, Irrgänge und Fehler beschienen. Gott will dich nicht bloßstellen. Er will nur, daß du zu ihm aufschaust und ihm glaubst, daß er deinem Leben eine neue Orientierung geben kann.
Und in seinem Zentrum birgt das Bild von Sieger Köder eine große Verheißung. Wenn du »Umkehr« so verstehst: statt mich dauernd auf meine eigenen Fehler zu fixieren, versuche ich den Blickwinkel

zu ändern und nach oben zu schauen; statt mich mit eigener Kraft herausboxen zu wollen, möchte ich mir eine neue Orientierung schenken lassen – wenn du so »um-kehrst«, dann kann das Wunder passieren, daß Irrwege und Sackgassen aufbrechen und aus den steinigen Wegen Rosen wachsen.

Schrifttext

Auch die Bibel erzählt von Menschen, die ungewisse Wege zu bestreiten hatten. Auch sie kamen an ihre Grenzen. Auch sie waren versucht aufzugeben. Aber der Blick nach oben hat sie davor bewahrt, ihr Ziel aufzugeben. Der Blick nach oben hat sie ans Ziel geführt.

Schriftstelle: Mt 2,1–12

Schuldbekenntnis – Zusage der Vergebung

Gemeinsames Gebet

Ps 18 (GL 712) abwechselnd beten oder singen

Vaterunser – Segen

Schlußlied: GL 643,1.2.4 (O Jesu Christe, wahres Licht)

Bußgottesdienste zur Fastenzeit

7. Besinnung auf unsere Sinne

Vorbereitung: Doppelseitiges Faltblatt (s. Materialteil, S. 112/113) fotokopieren, falzen und auslegen.

Lied: GL 520,1–2 (Liebster Jesu, wir sind hier)

Einleitung

Zu einem einsamen Mönch kamen eines Tages Menschen zu Besuch. Sie fragten ihn: »Was für einen Sinn siehst du in deinem Leben in der Stille?« Der Mönch war gerade damit beschäftigt, aus einem Brunnen Wasser zu schöpfen. Da sagte er zu seinen Besuchern: »Schaut in die Zisterne! Was seht ihr?« Die Leute blickten in die tiefe Zisterne. Sie sagten: »Wir sehen nichts.«
Nach einer kurzen Weile forderte der Einsiedler die Leute wieder auf: »Schaut jetzt in die Zisterne! Was seht ihr?« Die Leute blickten wieder hinunter und sagten: »Ja, jetzt sehen wir uns selber.« Der Mönch sprach: »Schaut, als ich vorhin Wasser schöpfte, war das Wasser unruhig. Jetzt ist das Wasser ruhig. Das ist die Erfahrung der Stille. Man sieht sich selber! Man sieht sein wahres Gesicht.«

Lied: GL 520,3 (... öffne Herz und Mund und Ohren ...)

Gebet

Herr, unser Gott.
Sinn erfahren im Leben
hat mit den Sinnen zu tun.
Augen, Mund und Ohren sind große Geschenke aus deiner Hand.
Mit ihnen können wir unsere Welt erfahren und gestalten.
Mit ihnen können wir aufbauen und zerstören.
Sie sind Einfalls- und Ausgangstore von Gutem und Bösem.
Am Gebrauch unserer Sinne liegt es,
ob es auf unserer Welt Sinn gibt
oder Irrsinn und Wahnsinn.
Wir wollen uns auf unsere Sinne besinnen.
Gott, mach du sie heil.

Hinführung zur Gewissenserforschung

Die Mönchsgeschichte will uns sagen: Das ist der Wert der Stille: Man sieht sich selbst, sein wahres Gesicht. Gönnen wir uns diese Stille: die Stille, in unser eigenes Gesicht zu schauen, die Stille, uns auf unsere Sinne zu besinnen. Eine optische Hilfe dazu will das Faltblatt sein mit den Abbildungen von Auge, Ohr und Mund.

Fragen zur Gewissenserforschung

1. Mein Auge
Ist mein Blick gütig – oder abweisend – oder gleichgültig?
Kann ich meiner Frau (meinem Mann, meinen Kindern) ehrlich in die Augen schauen?
»Sieht sich« unsere Familie nur beim Fernsehen?
Kann ich es sehen, wenn ein anderer mehr hat als ich, mehr kann als ich, begabter ist als ich?
Sehe ich in allem gleich etwas Schlechtes?
Sehe ich immer gleich schwarz?
Habe ich Menschen aus den Augen verloren, denen ich versprochen habe, sie nicht zu vergessen?
Kann ich auch einmal etwas übersehen, ohne sofort hochzugehen?
Sehe ich meine eigenen Fehler ein, oder fallen mir nur die Fehler der anderen ins Auge?
Sehe ich mich nach Menschen unserer Gemeinde um, auch wenn sie nicht zu meiner Familie und meinem Bekanntenkreis gehören?
Sehe ich, wo ich mit meinen Fähigkeiten in meiner Gemeinde gebraucht werde?

2. Mein Ohr
Welche Stimmen sind mir sympathisch?
Bei welchen Stimmen steigt mir gleich die Galle hoch?
Wem höre ich gern zu?
Höre ich auch hin, wenn mir ein alter Mensch seine Geschichte zum dritten Mal erzählt?
Wenn ich von der Arbeit heimkomme, höre ich da noch auf die Fragen meiner Kinder?
Höre ich den versteckten Hilferuf eines anderen?
Stopfe ich meine Ohren zu, wenn ich unangenehme Kritik anhören muß?
Höre ich es gern, wenn man mir schmeichelt?
Höre ich beim Gottesdienst wirklich zu oder lasse ich alles an mir vorbeirauschen?
Hält mein Ohr noch Stille aus?

3. Mein Mund
Bin ich einer, der seinen Mund nie zubringt?
Leiden mein Ehepartner, meine Kinder, meine Eltern darunter, daß sie mir jedes Wort aus der Nase ziehen müssen?
Sage ich meine ehrliche Meinung oder rede ich anderen nach dem Mund?
Kann ich andere loben oder nörgle ich nur an ihnen herum?
Fahre ich meinen Kindern unüberlegt über den Mund?
Hänge ich meinen Eltern ein freches Mundwerk an?
Habe ich meinen Mund schon einmal aufgemacht, um einem anderen die Stange zu halten?
Drehe ich anderen das Wort im Mund herum?
Mache ich andere damit schlecht, daß ich nur die halbe Wahrheit weitererzähle?
Kann ich schweigen oder muß ich gleich alles herumtratschen?

Schrifttext

Bei den vielen Heilungswundern, die von Jesus erzählt werden, ist auffällig, daß es oft die Sinne sind, die erkrankt sind: da kann einer nicht sehen, da kann einer nicht hören, da kann ein Mensch nicht sprechen. Mit ungeheurer Zärtlichkeit berührt er die erkrankten Sinne: er streichelt über die Augen des Blinden, er berührt die Ohren und die Zunge des Taubstummen. Von seinen Händen geht heilende Wirkung aus.

Schriftstelle: Mk 7,31–37

Allgemeines Schuldbekenntnis – Zusage der Vergebung

Gemeinsames Gebet

Jesus, Sohn Davids, erbarme dich meiner. Erleuchte du meine Augen, daß ich den Weg zu dir finde. Mach du meine Schritte fest, daß ich vom Weg nicht abirre. Öffne du meinen Mund, daß ich von dir spreche. Du willst, daß ich meine Mitmenschen liebe. Laß mich ihnen so dienen, daß sie ihr Heil finden und in deine Herrlichkeit gelangen. (GL 6,6)

Vaterunser – Segen

Lied: GL 671,1.3.4. (Daß unsere Sinne wir noch brauchen können)

8. Kehr' vor deiner eigenen Tür!

Vorbereitung: Einen alten Reisigbesen an den Altar lehnen. Meditationsmusik aufnehmen.

Lied: GL 165, 1–2 (Sag ja zu mir, wenn alles nein sagt)

Einleitung

Es geht auf Ostern zu. Höchste Zeit für den Osterputz, denkt sich die Hausfrau. Die Fenster müssen geputzt werden, die Vorhänge gewaschen. Bis ins letzte wird alles poliert. Denn Ostern will jeder in einer blitzblanken Wohnung feiern.
Mittel werden ja genug angepriesen (einige aktuelle Werbespots nennen). Heute greifen wir einmal zu einem altmodischen Mittel: Zu einem einfachen Reisigbesen. Der rückt dem Dreck nicht schonend auf den Leib. Der reibt und kratzt.
Nicht umsonst hat das Wort »Umkehr« mit »kehren« zu tun!

Lied: GL 165, 3 (Gib mir den Mut, mich selbst zu kennen)

Gebet

Barmherziger Gott.
Du nimmst die Sünde ernst,
aber du läßt uns die Möglichkeit zur Umkehr.
Du verurteilst unsere Verfehlungen,
aber du lädst uns ein zu einem neuen Anfang.
Gib uns den Mut, umzukehren.
Gib uns die Kraft, neu anzufangen.
Darum bitten wir durch Jesus Christus.
(Meßbuch, S. 314)

Hinführung zur Gewissenserforschung

Von Franziskus wird erzählt: Als er schon mit seinen Freunden durchs Land wanderte und in den Kirchen predigte, trug er immer einen Besen bei sich. Kam er in eine Kirche, wo einem die Staubwolken entgegenkamen, da nahm er erst einmal seinen Besen zur Hand und fegte die Kirche aus, auch wenn die Leute schon gespannt auf seine Predigt waren. Denn es schmerzte den heiligen

Franziskus sehr, wenn er in eine Kirche kam, die nicht so rein war, wie er es wollte.

– Musik –

Fragen zur Gewissenserforschung

(L 1) Ein starkes Bild: Franziskus mit seinem Reisigbesen auf den Schultern. Franziskus, der nicht andere auffordert, sondern selbst anfängt zu kehren. Denn wie leicht und wie verführerisch ist es, auf den Dreck der anderen zu zeigen, anstatt vor der eigenen Haustür zu kehren:
(L 2) Schau mal: Der geht nicht mehr in die Kirche!
Schau mal: Wie ihre Kinder herumlaufen und wie frech sie sind!
Schau mal: Wie ihr Größter angezogen ist, seit er studiert!
Schau mal: Wie wichtig sie sich in der Pfarrei macht!
Hast du's schon gehört: Bei denen stimmt's daheim nicht mehr!
Hast du's schon gehört: Die Kleinste von denen ist daheim ausgezogen. Und auf die waren sie doch immer so stolz!
Hast du's schon gehört: Die müssen ihren Sohn vom Gymnasium runtertun! Und haben immer so große Töne gespuckt!
(L 1) Franziskus würde dir seinen Besen in die Hand drücken und sagen: Kehr' vor deiner eigenen Tür!

– Musik –

(L 1) Wie leicht ist es, bei anderen Staub aufzuwirbeln und bei mir alles unter den Teppich zu kehren.
(L 2) Was kehre ich immer wieder unter den Teppich, damit ich's nur nicht sehen muß?
Wovor habe ich Angst, daß es einmal ans Tageslicht kommt?
Was würde ich sagen, wenn ein anderer einmal bei mir den Teppich lüften und mich darauf aufmerksam machen würde, was alles darunter liegt?
Ist mein peinlich genauer Hausputz vielleicht nur ein Ablenkungsmanöver vor dem Schmutz, den es in meinem Inneren aufzuräumen gäbe?
(L 1) Franziskus würde dir seinen Besen in die Hand drücken und sagen: Los! Teppich hoch!

– Musik –

(L 1) Als Franziskus mit seinen Freunden durch die Dörfer Italiens zog, da saßen die Leute gespannt in ihren Bänken und wollten von Franziskus erbauliche Worte hören.

(L 2) Was erwarte ich alles von meinem Pfarrer und vom Kaplan? Schon längst müßte doch da was getan werden! Und wie lahm der Gesang bei uns in der Kirche ist!
(L 1) Franziskus würde dir den Besen in die Hand drücken und sagen: Sei doch ehrlich: Du regst dich auf, daß in deiner Gemeinde nichts läuft. Und wo arbeitest du mit? Du schimpfst über den lahmen Gesang und machst dein eigenes Gesangbuch nicht auf!

– Musik –

(L 1) Franziskus gilt als ein Erneuerer der Kirche. Als dieser Mann, der so viel in der Kirche in Bewegung gebracht hat, auf seinem Sterbebett liegt, ruft er seine Freunde zu sich und stellt ermahnend fest: »Freunde, fangen wir doch endlich an, bisher haben wir uns kaum von der Stelle bewegt.«

– Musik –

Schrifttext

Das ist Um-kehr: Immer wieder den alten Fehler bekämpfen und vor meiner eigenen Haustür kehren:

Schriftstelle: Mt 7,3–5

Allgemeines Schuldbekenntnis

Herr, unser Gott,
wir kommen mit dem Dreck und dem Staub,
den wir so gern unter den Teppich kehren möchten, zu dir.
Vor dir läßt er sich nicht verbergen.
Hilf uns dabei, alten Staub abzukehren
und uns dem zuzukehren, was wir so gern von uns wegschieben.
Vor dir und voreinander bekennen wir:
A: Ich bekenne...

Zusage der Vergebung

Gemeinsames Gebet

GL 3,4 (von Franz von Assisi)

Vaterunser – Segen

Schlußlied: GL 168,1.3.4 (O Herr, nimm unsre Schuld)

9. Den Leidensweg entlang

Lied: GL 179, 1.4 (O Haupt voll Blut und Wunden)

Einleitung

Die Passionsgeschichte gehört zum Urgestein des Evangeliums. Lange bevor die Taten und Worte Jesu aufgeschrieben wurden, hat man vom Sterben Jesu erzählt. Die junge Christenheit hielt sich diese Passionsgeschichte wie einen Spiegel vor Augen. Im Verhalten der Menschen, die beim Leidensweg dabei waren, entdeckte sie sich oft selbst. Die Stichworte der Passion trafen sie ins Herz. Auch wir wollen uns heute von den großen Stichworten und den wichtigen Personen der Passion Fragen stellen lassen.

Bußruf: GL 181 (... deinen Tod und sein Ursach fruchtbar nun bedenken ...)

Gebet

Deinen Leidensweg, Herr,
wollen wir heute betrachten.
Wir begegnen dir als einem Menschen,
der dem Mißverstandensein, dem Haß,
dem Alleingelassenwerden, der Hilflosigkeit
und einem qualvollen Sterben ausgesetzt ist.
In deinem Leidensweg begegnen wir auch uns selbst:
unserem Kreuz, unserer Ohnmacht.
Wir begegnen auch unserer Feigheit,
unserem Haß und unserer Aggression.
Die Betrachtung deines Leidensweges
möge uns ein Spiegel sein,
in dem wir erkennen,
wie wir anderen oft wehtun,
und möge uns ein Trost sein,
wenn wir selbst Leid durch andere ertragen müssen.

Hinführung zur Gewissenserforschung

Wir sind es gewohnt, die Passionsgeschichte am Palmsonntag und am Karfreitag in einem Stück zu hören. Weil das ein so langer Text ist, rauscht vieles einfach vorbei. Heute wollen wir ganz bewußt einmal einige Einzelstücke herausgreifen und die Situationen und Verhaltensweisen der beteiligten Personen als Anfragen an uns hören.

Fragen zur Gewissenserforschung

1. Verrat (Lk 22,4–6)
(L 1) 4 Judas ging zu den Hohenpriestern und den Hauptleuten und
beriet mit ihnen, wie er Jesus an sie ausliefern könnte. 5 Da freuten
sie sich und kamen mit ihm überein, ihm Geld dafür zu geben. 6 Er
sagte zu und suchte von da an nach einer Gelegenheit, ihn an sie
auszuliefern, ohne daß das Volk es merkte.

(L 2) Wie verhalte ich mich zu einem Menschen, wenn ich merke, die Beziehung kommt in eine Krise?
Welche Rolle spielt das Geld, wenn ich Beziehungen anknüpfe oder überlege, sie abzubrechen?
Habe ich einen Menschen hinterrücks verkauft?
Habe ich meine Glaubensüberzeugung bei manchen Gelegenheiten auch billig weggegeben oder fallengelassen?
War Angst im Spiel, als rückständig zu gelten, oder wollte ich Beifall erhalten?

2. Ölberg (Lk 22,39–45)
(L 1) 39 Dann verließ Jesus die Stadt und ging, wie er es gewohnt
war, zum Ölberg; seine Jünger folgten ihm. 40 Als er dort war, sagte
er zu ihnen: Betet darum, daß ihr nicht in Versuchung geratet!
41 Dann entfernte er sich von ihnen ungefähr einen Steinwurf weit,
kniete nieder und betete: 42 Vater, wenn du willst, nimm diesen
Kelch von mir! Aber nicht mein, sondern dein Wille soll geschehen. 43 Da erschien ihm ein Engel vom Himmel und gab ihm (neue)
Kraft. 44 Und er betete in seiner Angst noch inständiger, und sein
Schweiß war wie Blut, das auf die Erde tropfte. 45 Nach dem Gebet
stand er auf, ging zu den Jüngern zurück und fand sie schlafend;
denn sie waren vor Kummer erschöpft.

(L 2) Wie schaut mein Gebet aus?
Handelt es sich nur um ein Betteln, daß es mir gut geht, oder ist Gebet bei mir ein Sich-Anvertrauen: Dein Wille geschehe?
Wie schaut mein Gebet aus in tiefster Verlassenheit und Traurigkeit, in Angst?
Habe ich schon einmal spüren dürfen, daß vom Gebet Kraft ausgeht?
Berührt mich das Leiden anderer noch?

Lasse ich mich noch anrühren von einem Trauerfall, von der Krankheit eines anderen, von einem Problem in der Verwandtschaft?
Halte ich ein Gespräch mit einem/einer betrübten Partner/in (Freund, Vater, Mutter, Schwester, Bruder) überhaupt noch aus?
Wer sind meine »Engel«, die mir in der Angst beistehen?

3. Die Reue des Petrus (Lk 22,54–62)
(L 1) 54 Darauf nahmen sie ihn fest, führten ihn ab und brachten ihn
in das Haus des Hohenpriesters. Petrus folgte von weitem. 55 Mit-
ten im Hof hatte man ein Feuer angezündet, und Petrus setzte sich
zu den Leuten, die dort beieinandersaßen. 56 Eine Magd sah ihn am
Feuer sitzen, schaute ihn genau an und sagte: Der war auch mit ihm
zusammen. 57 Petrus aber leugnete es und sagte: Frau, ich kenne
ihn nicht. 58 Kurz danach sah ihn ein anderer und bemerkte: Du
gehörst auch zu ihnen. Petrus aber sagte: Nein, Mensch, ich nicht!
59 Etwa eine Stunde später behauptete wieder einer: Wahrhaftig,
der war auch mit ihm zusammen; er ist doch auch ein Galiläer. 60
Petrus aber erwiderte: Mensch, ich weiß nicht, wovon du sprichst.
Im gleichen Augenblick, noch während er redete, krähte ein Hahn.
61 Da wandte sich der Herr um und blickte Petrus an. Und Petrus er-
innerte sich an das, was der Herr zu ihm gesagt hatte: Ehe heute
der Hahn kräht, wirst du mich dreimal verleugnen. 62 Und er ging
hinaus und weinte bitterlich.

(L 2) Wie verhalte ich mich, wenn ich sehe, was ich angerichtet habe?
Hat mich schon einmal der Blick eines Menschen, den ich verletzt habe, tief getroffen?
Kann ich noch über mich weinen und Reue empfinden, oder gehe ich kalt darüber hinweg?
Kann ich mich nach schweren Fehlern noch selbst akzeptieren?
Betrachte ich auch Schuld als Chance, für mein Leben etwas Neues zu lernen?
Glaube ich daran, daß es auch bei mir möglich wird: Aus einem feigen, schuldigen Petrus wird ein reifer, starker Mensch?

4. Der Druck der Masse (Lk 23,13–25)
(L 1) 13 Pilatus rief die Hohenpriester und die anderen führenden
Männer und das Volk zusammen 14 und sagte zu ihnen: Ihr habt mir
diesen Menschen hergebracht und behauptet, er wiegle das Volk
auf. Ich selbst habe ihn in eurer Gegenwart verhört und habe keine
der Anklagen, die ihr gegen diesen Menschen vorgebracht habt,
bestätigt gefunden, 15 auch Herodes nicht, denn er hat ihn zu uns

zurückgeschickt. Ihr seht also: Er hat nichts getan, worauf die Todesstrafe steht. [16] Daher will ich ihn nur auspeitschen lassen, und dann werde ich ihn freilassen. [[17]] [18] Da schrien sie alle miteinander: Weg mit ihm; laß den Barabbas frei! [19] Dieser Mann war wegen eines Aufruhrs in der Stadt und wegen Mordes ins Gefängnis geworfen worden. [20] Pilatus aber redete wieder auf sie ein, denn er wollte Jesus freilassen. [21] Doch sie schrien: Kreuzige ihn, kreuzige ihn! [22] Zum drittenmal sagte er zu ihnen: Was für ein Verbrechen hat er denn begangen? Ich habe nichts feststellen können, wofür er den Tod verdient. Daher will ich ihn auspeitschen lassen, und dann werde ich ihn freilassen. [23] Sie aber schrien und forderten immer lauter, er solle Jesus kreuzigen lassen, und mit ihrem Geschrei setzten sie sich durch: [24] Pilatus entschied, daß ihre Forderung erfüllt werden solle. [25] Er ließ den Mann frei, der wegen Aufruhr und Mord im Gefängnis saß und den sie gefordert hatten. Jesus aber lieferte er ihnen aus, wie sie es verlangten.

(L 2) Schreie ich auch gern mit der Masse?
Mache ich überall mit, was »man« so denkt und tut?
Wenn andere anders reden, bleibe ich dann noch bei dem, was ich für richtig halte, oder schwenke ich um?
Welchen Druck übt das allgemeine Gerede auf mein Gewissen aus?
Schweige ich aus Feigheit und lasse dadurch Unrecht zu?
Habe ich dazu beigetragen, daß Menschen aufs Kreuz gelegt wurden?

5. Kreuzigung (Lk 23,33–46)
(L 1) [33] Sie kamen zu der Schädelhöhe; dort kreuzigten sie ihn und die Verbrecher, den einen rechts von ihm, den andern links. [34] Jesus aber betete: Vater vergib ihnen, denn sie wissen nicht, was sie tun. Dann warfen sie das Los und verteilten seine Kleider unter sich (Ps 22,19). [35] Die Leute standen dabei und schauten zu; auch die führenden Männer des Volkes verlachten (Ps 22,8) ihn und sagten: Anderen hat er geholfen, nun soll er sich selbst helfen, wenn er der erwählte Messias Gottes ist. [36] Auch die Soldaten verspotteten ihn; sie traten vor ihn hin, reichten ihm Essig [37] und sagten: Wenn du der König der Juden bist, dann hilf dir selbst! [38] Über ihm war eine Tafel angebracht; auf ihr stand: Das ist der König der Juden. [44] Es war etwa um die sechste Stunde, als eine Finsternis über das ganze Land hereinbrach. Sie dauerte bis zur neunten Stunde. [45] Die Sonne verdunkelte sich. Der Vorhang im Tempel riß mitten entzwei, [46] und Jesus rief laut: Vater, in deine Hände lege ich meinen Geist (Ps 31,6). Nach diesen Worten hauchte er den Geist aus.

(L 2) Man warf das Los über die Kleider Jesu: Des einen Tod ist des andern Brot. Wie verhalte ich mich, wenn einer nicht mehr kann, krank ist oder am Sterben liegt?
Lauere ich wie ein Hyäne auf dessen Position?
Geht mir das Erbe schon durch den Kopf, wenn der andere noch mit dem Sterben ringt?
Habe ich durch einen lächerlichen Erbstreit Familienbande zerstört?
Verspotte ich andere, die sich nicht mehr wehren können?

Man reicht Jesus als Schmerzlinderung ein Essiggetränk. Wie verhalte ich mich, wenn ich Schmerzen habe?
Brauche ich sofort Tabletten? Ertränke ich Kummer mit Alkohol?
Kann ich Kummer oder einen »Moralischen« aushalten?
Wie stehe ich zu meinem persönlichen Kreuz?
Klage und jammere ich nur, oder fühle ich mich – wie Jesus – auch in schweren Stunden von Gottes Händen geborgen?
Kann ich für Menschen, die mir Unrecht getan haben, noch beten?

6. Das letzte Geleit (Lk 23,50–55)
(L 1) 50/51 Damals gehörte zu den Mitgliedern des Hohen Rates ein Mann namens Josef, der aus der jüdischen Stadt Arimathäa stammte. Er wartete auf das Reich Gottes und hatte dem, was die anderen beschlossen und taten, nicht zugestimmt, weil er gut und gerecht war. 52 Er ging zu Pilatus und bat um den Leichnam Jesu. 53 Und er nahm ihn vom Kreuz, hüllte ihn in ein Leinentuch und legte ihn in ein Felsengrab, in dem noch niemand bestattet worden war. 54 Das war am Rüsttag, kurz bevor der Sabbat anbrach. 55 Die Frauen, die mit Jesus aus Galiläa gekommen waren, gaben ihm das Geleit und sahen zu, wie der Leichnam in das Grab gelegt wurde.

(L 2) Wie verhalte ich mich bei einem Sterbefall?
Wie verhalte ich mich gegenüber Trauernden?
Reiße ich aus?
Bin ich neugierig?
Empfinde ich es noch als Pflicht der Humanität, einem verstorbenen Kollegen (Nachbarn, Mitbewohner meines Dorfes) die letzte Ehre zu erweisen?
Dürfen Menschen, die einen Lieben zu Grabe getragen haben, auch noch später auf meine Hilfe vertrauen?

Allgemeines Schuldbekenntnis – Zusage der Vergebung

Gemeinsames Gebet

Litanei vom Leiden Jesu: GL 766

Vaterunser – Segen

Schlußlied: GL 179,6–7 (Wenn ich einmal soll scheiden)

10. Des Teufels liebstes Möbelstück

(evtl. am Aschermittwoch)

Lied: GL 163,1–2 (Aus tiefer Not)

Einleitung

In jedem Menschen steckt das Verlangen nach Freude, die Sehnsucht, Schönes zu erleben und Vergnügen zu finden, der Wunsch, daß das Leben Spaß macht. Gott sei Dank ist das so! Aber oft hat dieses Verlangen und das Betonen von Lust und Laune einen Hinkefuß. Denn der Mensch ist von Natur aus auch ein Drückeberger. Allzu gerne flüchtet er vor dem, was Kraft, Geduld, Mühe und Anstrengung kostet, und schiebt es vor sich her. Und dadurch unterbleiben oft entscheidende Dinge im Leben.
Der Volksmund hat dies auf die Formel gebracht: »Des Teufels liebstes Möbelstück ist die lange Bank«. Diese »lange Bank« in unserem eigenen Leben uns bewußt zu machen, das wollen wir uns heute zu Beginn der Fastenzeit zumuten.

Kyrierufe: GL 523 (Du rufst uns, Herr)

Gebet

Herr, unser Gott.
Wir danken dir für das Geschenk dieser Zusammenkunft.
Sie führt uns vor Augen,
was wir alleine übersehen und beiseite schieben würden.
Zeige uns heute, wo wir neu beginnen können.
Festige unsere Gemeinschaft mit dir
und miteinander.
Schenke unserem Verstand Klarheit,
damit wir sehen, wo wir beginnen müssen,
und gib unserem Herzen einen Stoß,
damit wir unseren Vorsatz in die Tat umsetzen.

Fragen zur Gewissenserforschung

1. Ich selbst
(L 1) »Des Teufels liebstes Möbelstück ist die lange Bank«. Ich horche in mich hinein und frage mich:

(L 1) Welche Arbeit müßte unbedingt einmal getan werden? Aber habe ich sie immer wieder aufgeschoben, weil ich sie hasse?
Vor welcher Aufgabe reiße ich gerne aus und überlasse sie meiner Frau, meinem Mann, meinen Kindern?
Welches Fach in der Schule liegt mir nicht? Ist das ein Grund, dafür am wenigsten zu tun?
Ich müßte schon längst einmal bei Behörden vorstellig werden. Aber wenn ich an Ämter denke, dreht's mir den Magen um.
Ich spüre irgendwo im Körper leichte Schmerzen und ein Unwohlsein. Ich weiß, ich müßte zum Arzt. Aber dann muß ich erst das und jenes noch erledigen...
Ich merke: Mein Dauerkonsum von Alkohol und Nikotin und das gute Essen tun mir nicht gut. Ich müßte etwas unternehmen. Aber wann?
Ich gehöre nicht mehr zu den Jüngsten. Die Kinder sagen: Mama, regle doch einmal »deine Sach'«! Aber ein Testament schreiben – nein – soweit sind wir noch nicht. Da müßte ich dauernd ans Sterben denken.

– Stille –

(L 1) Es gibt tausend Entschuldigungsgründe, Notwendiges nicht in Angriff zu nehmen und zu erledigen: Ich habe keine Zeit! Erst muß das noch getan werden! Es geht mir nicht so gut usw. Aber wenn wir ehrlich sind: Sind das nicht lauter faule Ausreden?

2. Ich – Mitmensch
(L 1) Die »lange Bank« gibt es auch im Verhältnis zu meinen Mitmenschen.
(L 2) Ich wollte schon längst einen Brief schreiben und weiß auch genau: Ein Mensch würde sich freuen, wenn er ein Lebenszeichen von mir bekäme. Ich habe auch schon begonnen, aber dann wieder aufgehört.
Ich wurde gefragt, ob ich nicht da und dort in der Gemeinde mitmachen könnte und dazu Lust hätte. Eigentlich möchte ich nicht. Aber dauernd beteuere ich: Ich muß noch überlegen – und halte damit die anderen hin.
Es hat mir jemand eine Freude gemacht. Aber »Danke« zu sagen, habe ich bis heute nicht fertiggebracht.
Ich habe versprochen, bei einem Kranken einen Besuch zu machen. Aber seitdem ich gehört habe, daß es ihm nicht gut geht und daß er bei jedem Besuch weint, schiebe ich den Gang ins Krankenhaus auf, von Woche zu Woche.
Es ist höchste Zeit, mir mehr Zeit für die Kinder zu nehmen. Aber

wenn ich von der Arbeit nach Hause komme, bin ich froh, wenn sie »aufgeräumt« sind. Trotzdem spüre ich: Den Kindern geht etwas Wichtiges ab.
Ich bemerke: Mein Nachbar hat schon mehrere Anläufe unternommen, um Kontakte mit mir zu knüpfen. Wann erwidere ich sein Interesse?
Ich spüre, ein Jugendlicher findet mich als Mädchen nett und hat ein Auge auf mich. Ich habe kein Interesse und lasse ihn trotzdem zappeln. Eine deutliche Antwort schiebe ich hinaus.
Ein Mensch braucht meine Vergebung. Er hat mich verletzt. Aber ich lecke lieber meine Wunden und bemitleide mich selbst. Ich weise ihn zurück.

– Stille –

(L 1) Es gibt tausend Entschuldigungsgründe, Notwendiges nicht in Angriff zu nehmen und zu erledigen: Ich habe keine Zeit! Erst muß das noch getan werden! Es geht mir nicht so gut usw. Aber wenn wir ehrlich sind: Sind das nicht lauter faule Ausreden?

3. Ich – mein Glaube
(L 1) Die »lange Bank« gibt es auch in meinem Glaubensleben.
(L 2) Ich wollte mir schon länger Zeit nehmen fürs Gebet. Aber dann muß ich doch zuerst noch Zeitung lesen, im Fernseher den spannenden Film anschauen. Eigentlich wollte ich, aber dann habe ich doch zuerst noch ... und das Beten wieder vergessen.
Eigentlich möchte ich es mit dem Beichten wieder neu anfangen. Aber dann muß ich mich erst erkundigen, wo es am besten ist, dann kommt der verkaufsoffene Samstag – und so vergehen wieder Monate.
Ich spüre: In letzter Zeit bin ich im Gottesdienst nicht mehr so dabei. Meine Augen beobachten so vieles. Ich sollte mich schon auf dem Hinweg einstimmen und mich bewußt testen, ob ich nach dem Gottesdienst noch etwas vom Evangelium behalten habe. Aber bisher habe ich immer noch nicht damit angefangen.
Ich sehe es: Meine Kinder werden größer – und ich weiß: Höchste Zeit, um sie ins Glaubensleben einzuführen und sie den Ablauf eines Kirchenjahres einmal bewußt erleben zu lassen. Wann fange ich wirklich einmal damit an?
Die Hälfte meines Lebens ist vorbei. Ich habe große Entwicklungen durchgemacht. Doch mein Glaube ist in den Kinderschuhen steckengeblieben. Er kommt mir deshalb so kindisch vor. Und schon lange wollte ich einmal zu einem religiösen Buch greifen und mich über ein bestimmtes Thema informieren. Aber wann?

Ich halte noch viel von der Kirche. Aber wenn am Arbeitsplatz blöde Witze über sie gerissen werden, bin ich zu feige und mache mit, obwohl ich mir schon oft vorgenommen habe: Diesmal funkst du dazwischen!

– Stille –

(L 1) Es gibt tausend Entschuldigungsgründe, Notwendiges nicht in Angriff zu nehmen und zu erledigen: Ich habe keine Zeit! Erst muß das noch getan werden! Es geht mir nicht so gut usw. Aber wenn wir ehrlich sind: Sind das nicht lauter faule Ausreden?

Schrifttext

Wir alle kennen diese »lange Bank«, wir alle kennen die Folgen der Aufschieberei. Die Dinge gehen einem nicht aus dem Kopf. Sie belasten und rufen ein ungutes Gefühl hervor. Wir wissen nur zu gut: Aufgeschoben ist nicht aufgehoben.
»Jetzt ist die Zeit der Gnade«, heißt es heute in der Lesung. Nimm die Chance wahr: jetzt, nicht morgen oder übermorgen! Das rät uns Paulus in der Lesung.

Schriftstelle: 2 Kor 6, 1–4

Allgemeines Schuldbekenntnis – Zusage der Vergebung

Zeichen der Umkehrgesinnung: Das Aschenkreuz

Das Aschenkreuz, das wir uns am Aschermittwoch auftragen lassen, ist das Zeichen dafür: Wir sehen unsere Versäumnisse. Das Aschenkreuz ist aber zugleich das Zeichen der Hoffnung, daß die Botschaft Jesu uns dazu aufrütteln und die Kraft geben will, an unseren schwachen Punkten zu arbeiten und uns neu auszurichten.

Gebet zur Aschenweihe (Meßbuch, S. 78)

Austeilung des Aschenkreuzes
Zuspruch: »Bekehrt euch und glaubt an das Evangelium!«
Während der Aschenausteilung meditative Musik.

Gemeinsames Gebet

Herr, unser Gott, wir bitten dich:
Für alle Menschen, die sich mit einer schweren Entscheidung herumquälen ... V: Lasset zum Herrn uns beten. A: Herr, erbarme dich. Christus, erbarme dich. Herr, erbarme dich (GL 358, 3).

Für alle Menschen, die ein wichtiges Gespräch vor sich herschieben ...
Für alle Menschen, die gute Vorsätze haben, denen aber die Kraft fehlt, sie durchzuhalten ...
Für alle Menschen, die gute Ideen haben und guten Willen zeigen, die aber auf Grund der Widerstände resignieren ...
Für alle Menschen, die lethargisch geworden sind und keine Energie mehr haben ...
Für alle Menschen, die keinen Sinn im Leben mehr erkennen können...

Vaterunser – Segen

Wort auf den Weg

(Ein Pfarrer hat mir erzählt:) In dem Kalender, den ich benutze, steht auf jedem Kalenderblatt »ein neuer kostbarer Tag von Gott mir geschenkt«. Der Pfarrer, der diesen Kalender entworfen hat, rät: Schreib immer für jeden Tag auf, was du alles erledigen mußt! Und die Dinge, die dir besonders unangenehm sind, kennzeichne mit einem großen »U« – für »unangenehm«. Und er rät weiter: Versuche immer, zuerst diese unangenehmen Dinge zu erledigen – und du wirst sehen: Das ist ein großes Erfolgserlebnis, das beflügelt, vieles geht dir dann wie von selbst von der Hand.
Ob wir diesen Vorschlag des Pfarrers in der kommenden Fastenzeit nicht einmal testen sollten?

Entlassgruss

Schlußlied: GL 289 (Herr, deine Güt ist unbegrenzt)

11. Wachet und betet!

Vorbereitung: Den Taizégesang »Bleibet hier und wachet mit mir« (»Gesänge aus Taizé«, Best.-Nr. CD 74518) mehrmals aufnehmen.

Lied: GL/Würzburger Diözesanteil 851 (Bei finstrer Nacht zur ersten Wacht) oder GL 180, 1–3 (Herzliebster Jesu)

Einleitung

Da sieht man einen, der ist am Ende. Er zittert vor Angst; denn er weiß, was auf ihn zukommt. Er schwitzt Blut. Er kniet am Boden und schaut händeringend nach oben. Er hätte den Trost und die Nähe seiner besten Freunde gebraucht. Doch die schlafen. Sie haben die Augen zu und wollen nichts sehen.
Jeder von uns kennt diese Szene. Sie ist oft plastisch dargestellt. Im Volksmund wird diese Szene »Ölberg« genannt. Meistens ist der »Ölberg« an der Außenwand der Kirche angebracht, gleich neben dem Haupteingang, auf der belebten Marktseite. Jeder, der die Kirche betreten will, und jeder, der bewußt vorbeigehen will, sieht sie, die schlafenden Jünger. Und wortlos fragt ihn der »Ölberg«: Schläfst du auch?

– Bleibet hier und wachet mit mir ... –

Schriftstelle: Mk 14, 32–38

Hinführung zur Gewissenserforschung

»Wachet und betet, damit ihr nicht in Versuchung geratet!« (Mk 14, 38). Dieser Satz Jesu ist aktueller denn je. Denn unter »Versuchung« versteht die Bibel die Gefahr, Gott zu verlieren. Seid wachsam, haltet die Augen offen und betet, damit ihr Gott im Leben nicht verliert! Das ist eine ernste Bitte, die Jesus auch an uns stellt. Denn damals wie heute besteht die Gefahr, daß die Jünger Jesu erst aufwachen, wenn es zu spät ist.

Fragen zur Gewissenserforschung

1. Habe ich ein waches Auge für die Belange unserer Pfarrgemeinde?
Merken wir, welche Stunde es inzwischen für unsere christlichen Gemeinden geschlagen hat?

Merken wir, daß sich unsere Gemeinden in einer Krise befinden? Bin ich mir dessen bewußt oder stecke ich einfach den Kopf in den Sand?
Was bedeutet es für mich, wenn immer mehr wegbleiben, darunter mein eigener Ehepartner, die Kinder, meine Freunde?
Schimpfe und jammere ich nur, oder versuche ich mich ehrlich zu fragen: Was bedeutet mir die Mitfeier des Gottesdienstes?
Die ersten Christen hatten für den Gottesdienst den Namen statio, d.h. »Wache halten«, »gerade stehen« für Jesus: Ist heute in einer Krise des Gottesdienstes meine Teilnahme und Mitfeier ein überzeugendes »Jesus, ich stehe zu dir«?

– Bleibet hier und wachet mit mir ... –

2. Habe ich ein waches Auge für die religiöse Entwicklung in meiner eigenen Familie?
Was ist in unserer Familie schon alles an religiösem Leben eingeschlafen?
Wie feiern wir noch die großen christlichen Feste?
Was bedeutet unserer Familie der Tag der »ewigen Anbetung« in unserer Gemeinde, das Patrozinium?
Wie begleiten wir als Familie die Vorbereitung unseres Kindes auf die Kommunion oder Firmung?
Würde ich mich freuen, wenn mein Kind Ministrant oder Ministrantin werden möchte?
Traue ich mich auch dann noch, am Tisch zu beten, wenn mein Ältester stumm bleibt?
Traue ich mich noch als Jugendlicher zu sagen: »Ich bin froh, daß es die Kirche gibt!« – selbst wenn die meisten aus meinem Alter nichts mehr von der Kirche halten?

– Bleibet hier und wachet mit mir ... –

3. Habe ich ein waches Auge für meine persönliche Religiosität?
Kann ich mir persönlich sagen: Ich bemühe mich um mein religiöses Leben, oder schläft mein Interesse für Glaube und Kirche immer mehr ein?
Habe ich im Leben schon einmal ähnlich wie die drei schlafenden Jünger gespürt, daß Jesus mich wachrütteln will?
Geht es mir ähnlich wie den Jüngern am Ölberg: Der gute Wille ist da, aber alle guten Ansätze laufen ins Leere, nicht aus Böswilligkeit, aber einfach aus Überforderung?
Habe ich ein waches Auge dafür, wo ich mich in unserer Pfarrei engagieren könnte?
Wo sehe ich Gefahren für unsere christlichen Werte und Ideale lauern?

– Bleibet hier und wachet mit mir … –

Die Benediktinerin Silja Walter hat ein Gebet geschrieben, dem sie den Titel »Gebet des Klosters am Rande der Stadt« gegeben hat. Darin heißt es:

… Wachen ist unser Dienst,
wachen.
Auch für die Welt.
Sie ist oft so leichtsinnig,
läuft draußen herum,
und nachts ist sie auch nicht
zu Hause.
Denkt sie daran,
daß du kommst?

Daß du ihr Herr bist
und sicher kommst?

Jemand muß es glauben,
zu Hause sein um Mitternacht,
um dir das Tor zu öffnen,
um dich einzulassen,
wo du immer kommst.
Herr,
durch meine Zellentüre
kommst du in die Welt
und durch mein Herz
zum Menschen.
Was glaubst du, täten wir sonst?

Wir bleiben, weil wir glauben.
Zu glauben und zu bleiben
sind wir da, –
draußen
am Rand der Stadt …

Allgemeines Schuldbekenntnis – Zusage der Vergebung

Gemeinsames Gebet

GL 774, 2 (aus der Fastenandacht)

Vaterunser – Segen

Schlußlied: GL 568, 3 (Nüchtern und bereit laß uns, Herr, hier leben)

12. Ich sehe dich vor mir...

Vorbereitungen für das Schattenbild: Bettuch in einen Rahmen gespannt; die Personen direkt hinter dem gespannten Leinentuch aufstellen; Diaprojektor frontal darauf gerichtet.
Meditative Musik aufnehmen.
Verschiedene Sprecher: Mann, Frau, Kind, Mädchen, junger Mann.
Verschiedene Personen für das Schattenbild: Mutter, Vater, Kind, Mädchen, junger Mann.

Lied: GL 268, 1.3 (... und geführt durch allen Streit ...)

Einleitung

»Leben ist Beziehung« heißt ein berühmter Satz von Martin Buber. Kein menschliches Leben kann gedeihen ohne Beziehung, ohne Hinwendung, ohne Angenommensein. Es tut gut zu wissen: Ich habe einen Menschen, mit dem ich reden kann, der mich versteht, der bei mir ist. Aber je tiefer eine Beziehung ist, desto mehr Kraft fordert sie, desto mehr Verständnis, Rücksichtnahme und Ehrlichkeit sind notwendig. Was Menschen im Leben am meisten wert ist, darunter leiden sie auch am meisten: an ihren Beziehungen.

Bußpsalm: GL 190, 1.2 (Verse 1–10) – alternativer Kehrvers: GL 57, 6

Gebet

Gott.
Du hast uns verschiedene Gaben geschenkt.
Keinem gabst du alles – und keinem nichts.
Jedem gibst du einen Teil.
Hilf uns, daß wir uns nicht zerstreiten,
sondern einander dienen mit dem,
was du einem jeden zum Nutzen aller gibst.
Darum bitten wir durch Jesus Christus.
(Meßbuch, S. 309)

Hinführung zur Gewissenserforschung

Jeder Mensch steht in einem engeren und einem weiteren Beziehungsgeflecht. Zum engeren Beziehungsgeflecht gehört die Eltern-Kind-Beziehung und die Beziehung zwischen Partnern und Freunden. Gerade diese Beziehungen wollen wir heute abend durchleuchten. In den Schattenfiguren können wir die Menschen, die uns nahestehen, vor unseren geistigen Augen vorbeiziehen lassen.

Fragen zur Gewissenserforschung

1. Ich sehe dich vor mir, mein Kind

Schattenbild: Erwachsener – Kind; dabei Musik

(Stimme eines Mannes) Wenn ich dein Gesicht vor mir sehe, merke ich: Ich habe mir zu wenig Zeit für dich genommen. Du wolltest mir etwas erzählen, einfach mit mir sprechen, und ich habe gesagt: Laß mich in Ruhe! Ich bin so müde. Ich habe einen anstrengenden Tag hinter mir. Oder ich habe dich halt einfach reden lassen, aber nicht richtig hingehört – und du hast mich dabei ertappt.

– Kurze Stille –

Wenn ich dein Gesicht vor mir sehe, muß ich zugeben: Ich schaue immer zuerst auf deine Noten und viel zu wenig auf deine anderen Fähigkeiten und guten menschlichen Seiten. Wenn du gute Leistungen bringst, dann habe ich dich gern. Wie oft messe ich dich mit anderen Kindern und werfe dir dann vor: Da, schau die an! Ich merke, das tut dir weh, und trotzdem rutscht es mir immer wieder heraus.

– Kurze Stille –

(Stimme einer Frau) Wenn ich dein Gesicht vor mir sehe, wird mir bewußt: Du schaust zu mir als Mutter hoch. Du erwartest viel von mir. Du schaust von mir ab, wie ich spreche, wie ich handle, wie ich mit Menschen umgehe. Du schaust von mir ab, wie ich bete, wie ich glaube. Trotz guten Willens bin ich dir manches an einem guten Vorbild und Beispiel schuldig geblieben.

– Kurze Stille –

Das ist es, was ich dir, mein Kind, schuldig geblieben bin. Ich möchte dir wieder ehrlich in die Augen schauen können. Bitte, verzeih mir.

– Musik, Schattenbild weg –

2. Ich sehe dich vor mir, Papa, ich sehe dich vor mir, Mama

Schattenbild: Kind – Erwachsener; dabei Musik

(Kinderstimme) Wenn ich dich vor mir sehe, dann denke ich daran: Wie oft kann ich dir nicht offen ins Gesicht schauen. Ich merke, du weißt: Irgend etwas stimmt nicht. Du wartest. Du hoffst, daß ich mit der Sprache herausrücke. Du fragst mich – und dann bleibe ich dir eine ehrliche Antwort schuldig.

– Kurze Stille –

Wenn ich dein Gesicht vor mir sehe, denke ich daran, wie oft ich dir über den Mund fahre und alles besser weiß. Ich bin immer im Recht. Wenn du mir etwas sagst, bin ich gleich patzig und höre gar nicht richtig hin. Und wenn es nicht nach meinem Kopf geht, spiele ich die Beleidigte, reiße aus oder knalle die Tür zu...

– Kurze Stille –

Wenn ich euer Gesicht vor mir sehe, denke ich daran: Ihr macht euch viele Sorgen um mich. Aber ich empfinde es oft als Bevormundung und sage das euch auch ins Gesicht.
Und doch tut es mir gut, wenn ich merke, wieviel ich euch wert bin, was ihr alles selbstverständlich für mich macht. Aber ein »Danke« sage ich euch eigentlich nie dafür.

– Kurze Stille –

Das ist es, was ich euch, meinen Eltern, schuldig geblieben bin. Ich möchte euch wieder ehrlich in die Augen schauen können: Bitte, verzeiht mir!

– Musik, Schattenbild weg –

3. Ich sehe dich vor mir, mein Freund, ich sehe dich vor mir, meine Freundin

– Schattenbild: Mädchen – junger Mann; dabei Musik –

(Mädchen oder junger Mann) Wenn ich dich vor mir sehe, denke ich daran: Wenn ich anderer Meinung bin als du, bin ich gleich eingeschnappt. Ich möchte dich so haben, wie du in meiner Wunschvorstellung bist. Ich weiß: Ich habe dir manchmal nicht das Recht zugestanden, so sein zu dürfen, wie du eigentlich bist.

– Kurze Stille –

Wenn ich dein Gesicht sehe, muß ich gestehen: Ich denke manchmal ganz anders als du. Ich gebe es aber einfach nicht zu. Ich tue, als seien wir ein Herz und eine Seele und alles laufe bestens. Ich weiß, wie wichtig es für unsere Freundschaft wäre, daß wir uns damit ehrlich auseinandersetzten. Ich bringe das aber einfach nicht fertig, weil ich Angst habe, dich zu verlieren.

– Kurze Stille –

(Junger Mann) Du stehst vor mir: Du bist schön. Dein Gesicht, deine Augen, dein Körper – ich fühle mich unheimlich angezogen. Aber wenn ich dir so in die Augen schaue, frage ich mich, ob ich die Stufenleiter der Zärtlichkeit nicht zu schnell emporgeklettert bin, ob ich dich nicht überrumpelt habe. Ich frage mich, ob unsere sexuelle Beziehung auch dem Verantwortungsbewußtsein entspricht, das ich für dich bisher gewonnen habe.

– Kurze Stille –

Ich bin dir manches schuldig geblieben, mein Freund, meine Freundin, bitte, verzeih mir.

– Musik, Schattenbild weg –

4. Ich kann dir nicht in die Augen schauen, Gott

– Schattenbild: Erwachsener – Leerstelle; dabei Musik –

(Erwachsener) Dir kann ich nicht in die Augen schauen. Du bist unsichtbar, mein Gott. Und doch weiß ich: Du schaust mich an. Ich möchte so gern wissen, wer du bist, wie du aussiehst. Doch alles Denken stößt an eine Grenze. Ich zimmere mir deshalb oft ein Gottesbild nach eigenen Wünschen. Und wenn du diesem Bild nicht entsprichst, dann lasse ich es dir merken und breche das Gespräch mit dir ab.

– Kurze Stille –

Ich gehe in die Kirche und behaupte: Ich glaube an dich. Aber wie oft habe ich wirklich außerhalb der Kirche in der Familie, im Freundeskreis, am Arbeitsplatz von dir gesprochen? Wie oft spüre ich: Wie ein Fremdwort kommt mir dein Name über die Lippen.

– Kurze Stille –

Gott, oft brauche ich dich nicht. Oft vergesse ich dich. Aber wenn ich in der Erziehung nicht mehr weiterkomme, dann fällst du mir ein, und ich lasse dich als Erziehungshilfe, als Polizisten und strengen Wächter aufmarschieren. Ich weiß: Damit werde ich dir nicht gerecht.
Bei eigenem Verschulden ertappe ich mich oft, wie leicht ich dann den gütigen, den nachsichtigen Gott strapaziere. Fast mache ich dich dann zu einem gutmütigen, tappeligen Opa. Wie kleinkariert denke ich da von dir, dem großen Gott!

– Kurze Stille –

Das ist es, was ich dir schuldig geblieben bin. Gott, bitte, verzeih mir.

– Musik, Schattenbild weg –

Schrifttext

Dem anderen ins Gesicht schauen, das kann weh tun. Dem Blick des anderen nicht ausweichen, das kann einem durch und durch gehen, wie dem Petrus im Hof des Hohenpriesters.

Schriftstelle: Lk 22,54–62

Allgemeines Schuldbekenntnis – Zusage der Vergebung

Gemeinsames Gebet

GL 57,5.7.

Vaterunser – Segen

Schlußlied: GL 621 (Ich steh vor dir mit leeren Händen, Herr)

13. See Genesaret und Totes Meer

Vorbereitung: Wer sich Dias vom Toten Meer und vom See Genesaret besorgt, kann damit die Anschaulichkeit der Aussagen unterstützen.

Lied: GL 622 (Hilf, Herr meines Lebens)

Einleitung

Das Land, von dem die Bibel erzählt, hat an seinem Nord- und Südende jeweils einen großen »See«, im Norden den See Genesaret, genannt auch das »Meer von Galiläa«, und im Süden das Tote Meer. In ihrem Charakter sind beide Gewässer völlig unterschiedlich: Der See Genesaret ist ein Süßwassersee, das Tote Meer hat das salzhaltigste Wasser auf der Erde. Im See Genesaret tummelt sich das Leben in einem großen Fischreichtum, im Toten Meer ist kein Leben möglich. Die Landschaft um den See Genesaret gehört zu den üppigsten in Israel, die Umgebung ist das ganze Jahr grün. Am Toten Meer wächst praktisch nichts: eine bizarre Mondlandschaft. Mit dem Wasser vom See Genesaret wird fast ganz Israel versorgt, das Wasser des Toten Meeres ist ölig und tötet jedes Leben ab. Erst in neuerer Zeit hat man entdeckt, daß seine Mineralien in Verbindung mit der Sonneneinstrahlung bei Hautkrankheiten heilend wirken. Der See Genesaret gibt dauernd her: Trinkwasser, Wasser zur Bewässerung der Felder und schließlich den Jordan. In das Tote Meer fließt nur Wasser hinein. Es nimmt nur auf.
Die beiden Seen in ihren typischen Eigenschaften stehen für Haltungen, wie sie auch bei Menschen anzutreffen sind.

Bußruf: GL 167,1.2.3.6 (O höre, Herr, erhöre mich)

Gebet

Gott, wir sind so mit uns selbst beschäftigt,
daß wir den anderen leicht aus dem Blick verlieren.
Stärke unter uns
das Bewußtsein der Verantwortung füreinander,
damit wir anfangen,
brüderlich zu teilen und einander beizustehen.
Darum bitten wir durch Jesus Christus.
(nach Meßbuch, S. 310)

Hinführung zur Gewissenserforschung

Der ist ein »All-moi« sagt man im Aschaffenburger Raum und meint damit einen Menschen, der alles braucht, der alles will und der seinen Hals nicht vollbekommt. Mit den beiden Seen im Heiligen Land verglichen, entspricht dieser Typ dem Toten Meer. Dieses Meer »frißt« alles in sich hinein. Aber die Folge von diesem »All-moi«: In ihm und in seiner Umgebung stirbt alles Leben ab.

Fragen zur Gewissenserforschung

1. Was »muß« ich haben?
Wenn ich die Hälfte von allem, was ich habe, weggeben müßte, was möchte ich davon unbedingt behalten?
Wenn ich vor einem Schaufenster stehe, welches Gefühl habe ich?
Wenn mein Nachbar sich ein neues Schlafzimmer oder ein neues Auto leistet, wie rede ich mit meinem Mann oder meiner Frau darüber?
Welche Erfahrung habe ich gemacht mit Dingen, die ich unbedingt haben mußte: Habe ich sie wirklich oft benutzt oder waren sie am Ende Zimmerfüller?

2. Was »zieh' ich in mich rein«?
Wie viele Stunden am Tag schaue ich Fernsehen, wie viele Stunden läuft bei mir das Radio?
Auf welche Geschichtchen der Boulevardpresse bin ich ganz »scharf«?
Welche Videos »ziehe ich in mich rein«?
Kann ich das alles verarbeiten oder bleibt »Schlacke« übrig, mit der ich nicht fertig werde?
Hat meine Aggression, meine innere Unruhe, die Unkonzentriertheit, mein launisches Wesen, meine Phantasiewelt, in der ich mich immer ertappe, vielleicht damit zu tun, daß ich vieles, was ich »in mich reinziehe«, nicht verdaut habe?
Was »ziehe« ich an Alkohol und Zigaretten »in mich rein«?
Denke ich auch manchmal über die Folgen nach – oder schiebe ich Einwände und Bedenken mit flapsigen Bemerkungen einfach vom Tisch?

3. Kann ich weggeben?
Kann ich mich an Dinge erinnern, die ich bewußt hergegeben habe? Welches Gefühl hatte ich dabei?
Wie ist meine Einstellung zu Spenden? Halte ich's mit dem alten Sprichwort »Wer Almosen spendet, darbet nicht«, oder rechne ich

die ganze Zeit im Kopf nach, was ich mir davon hätte leisten können?
Beschneide ich mich und meine Familie durch übertriebene Sparsamkeit?
Kann ich bewußt genießen und damit mir und anderen eine Freude machen?
Zu welcher Haltung erziehe ich meine Kinder? Beobachte ich mein Kind, ob es mit anderen teilen kann? Sage ich: Das gehört dir, gib's ja nicht aus der Hand! Oder sage ich: Laß die anderen auch mit deinen Sachen spielen!

4. Kann ich loslassen?
Wenn ich an mein Haus oder meine Wohnung denke: Quillt bei mir alles über? Sind Schränke und Regale voll mit Dingen, die ich nicht mehr brauche? Warum kann ich mich nicht davon trennen?
Kann ich meine heranwachsenden Kinder langsam loslassen und sie ihren eigenen Weg gehen lassen – oder versuche ich krampfhaft, sie an mich zu binden?
Wie reagiere ich, wenn meine Kinder auf größeren Abstand zum Elternhaus gehen? Lege ich das gleich als Undankbarkeit aus oder kann ich darin einen Schritt zur Reife erkennen?
Ist für mich Selbständigkeit der Kinder ein wichtiges Erziehungsziel?
Habe ich ein »vereinnahmendes« Wesen?
Kann ich Ämter und Ehrenposten rechtzeitig an jüngere oder kompetentere Leute abgeben?
Wie gehe ich mit Freunden um? Versuche ich, sie an mich zu fesseln, will ich sie dirigieren oder lasse ich ihnen bewußt Freiraum?
Wie steht es mit meiner Gesprächsbereitschaft?
Kann ich ab- und zugeben oder beharre ich auf meiner Meinung?
Will ich immer nur von anderen hören und sie aushorchen – oder gebe ich auch Persönliches von mir weiter?
Habe ich einen Ort, wo ich selbst Probleme und Ärger loswerden kann oder »fresse ich alles in mich hinein«?

5. Wie schätze ich mich selbst ein?
Welches Symbol trifft eher auf mich zu, der See Genesaret, der empfängt und freizügig weitergibt, oder das Tote Meer, das nur in sich aufsaugt?
Habe ich mich schon einmal gefragt, ob mein Unmut, meine Bitterkeit, meine Überlastung auch damit zusammenhängen könnten, daß ich nichts loslassen und weggeben kann?
Habe ich den Eindruck, daß es sich in meiner Umgebung gut leben läßt – wie in der Umgebung des Sees Genesaret?

Oder geht von mir so eine Atmosphäre aus, daß alles um mich steril wird und Leben um mich herum abstirbt – wie in der Umgebung des Toten Meeres?
Wie reagieren Menschen auf mich?
Wird es da wohl über mich heißen: »Von dem kannst du alles haben« oder: »Von dem kriegst du nichts«?

Schrifttext

Es mag Zufall sein, aber irgendwie macht es nachdenklich: Die Heimat Jesu ist Galiläa. In Nazaret ist er geboren, aufgetreten ist er und gepredigt hat er rund um den See Genesaret. Seine Lieblingsstadt war Kapharnaum, ein Fischerdorf direkt am See. Landschaften prägen. Was Jesus verkündigt und wie er lebt, das paßt genau zum See Genesaret. Er ist ein offener Mensch. Er geht auf andere zu und ist mitteilsam. Aus seinen Worten spricht grenzenloses Vertrauen, das in Gott gründet und das er weitervermitteln will. Kein Wunder, daß es sich in seiner Umgebung gut leben läßt und Leben gefördert wird.

Schriftstelle: Mt 4,23–25

Allgemeines Schuldbekenntnis – Zusage der Vergebung

Gemeinsames Gebet (Litanei)

Schon der alttestamentliche Beter kennt ein großes Schreckgespenst: Menschen, die alles haben. Er bittet Gott: »Rette mich, Herr, mit deiner Hand vor den Männern, die im Leben schon alles haben« (Ps 17,14). Wir haben über unser eigenes Leben nachgedacht und bitten deshalb:
Vor Händen, die alles haben wollen... A: Bewahre mich, o Herr
Vor Händen, die raffen...
Vor Händen, die nichts hergeben können...
Vor Händen, die grapschen...
Vor Händen, die sich festklammern und nicht mehr loslassen wollen...
Vor Händen, die gierig zupacken...
Hände, die zärtlich sein können... A: Schenke mir, o Herr...
Hände, die trösten können...
Hände, die loslassen können...
Hände, die etwas aus der Hand geben können...
Hände, die großzügig sein können...

Hände, die anderen unter die Arme greifen...
Hände, die sich anderen Menschen entgegenstrecken...
Hände, die sich öffnen können...
Hände, die sich falten können...

Vaterunser – Segen

Schlußlied: GL 183 (Wer leben will wie Gott auf dieser Erde)

14. Verwundungen des Lebens

Lied: GL 552 (Alles Leben ist dunkel)

Einleitung

Vor allem in Barockkirchen fällt eine besondere Heiligenstatue auf: Vom Sockel schaut ein Mann herunter. Ein Hund sitzt neben ihm. Mit der einen Hand hält er den Pilgerstab, mit der anderen Hand zieht er seinen Rock hoch und zeigt auf eine große klaffende Wunde an seinem Bein: der hl. Rochus.
Vor allem zur Pestzeit in Europa war er einer der beliebtesten Heiligen. Die Legende erzählt, daß er Pestkranke gepflegt und sich dabei selbst angesteckt hat. Heute kommt uns der Heilige, der in der Kirche den Rock hebt, als komischer Heiliger vor. Und wer heißt heute schon noch Rochus? Trotzdem kann dieser Heilige und vor allem sein Umgang mit der eigenen Wunde uns auf einen »wunden Punkt« unserer Zeit aufmerksam machen.

Kyrierufe: GL 162 (Aus der Tiefe unsrer Todesangst)

Gebet

Gott, unser Vater.
Du hast uns für die Freude erschaffen.
Dennoch begleiten Enttäuschung und Leid unser Leben.
Hilf, daß wir glauben
und auch in Stunden der Not dir vertrauen.
Mach uns durch die Schmerzen reifer
und hellhörig für die Not der andern.
Darum bitten wir durch Jesus Christus.

(Meßbuch, S. 315)

Hinführung zur Gewissenserforschung

Der hl. Rochus legt den Finger auf die Wunde. Das schmerzt immer. Ein Bußgottesdienst, der den Finger auf eine Wunde unserer Zeit legt, kann ebenso schmerzen. Aber vielleicht kann er auch ein Stück heilsam sein.

Fragen zur Gewissenserforschung

1. Meine Wehwehchen
Ich stehe am Morgen auf und habe Kopfschmerzen. Wie gehe ich damit um?
Wie viele Leute bekommen an diesem Tag von mir zu hören, daß ich unter schlimmen Kopfschmerzen leide?
Kann ich trotzdem meine Arbeit anpacken oder lasse ich mich hängen in der Hoffnung, von anderen bemitleidet zu werden?
Was ist meine »Hauskrankheit«?
Wenn ich an den Tag und das, was vor mir liegt, denke, werde ich dann schon halb krank?

2. Die »Verwundung« hinter der Verwundung
Merke ich überhaupt, daß hinter den vielen kleinen Wehwehchen vielleicht eine andere »Verwundung« steckt, die nicht sichtbar ist?
Komme ich auf den Gedanken, daß nicht mein Körper, sondern eigentlich meine Seele Verwundungen trägt?
Welche Erlebnisse aus meiner Kindheit fallen mir ein, die mich sehr geschmerzt und Wunden zurückgelassen haben?
Fallen mir Personen ein, die mir Stiche zugesetzt und mir Wunden gerissen haben?
Fallen mir bestimmte Sätze und Beschimpfungen ein, mit denen ich bis jetzt noch nicht fertig geworden bin?
Haben mir auch meine Kirche oder ihre Vertreter Wunden zugefügt?
Welche Schicksalsschläge haben bis heute Wunden hinterlassen, die nicht geheilt sind?

3. Sehe und zeige ich meine Wunden?
Wie gehe ich mit meinen »Wunden« um?
Versuche ich, alles mit Trostpflästerchen zuzupappen, oder nehme ich den Schmerz ernst?
Schlucke ich alles zusammen mit Tabletten und Alkohol hinunter – oder gibt es einen Menschen, vor dem ich meine Wunden zeigen und über sie sprechen kann?
Rühre ich dauernd in meinen Wunden herum, obwohl ich genau weiß: Zu einem Heilungsprozeß gehören Geduld und Zeit?
Wie ist mein Verhältnis zu Menschen, die mir Verwundungen zugefügt haben?
Schäme ich mich wegen meiner Verwundungen?
Glaube ich deswegen, minderwertig zu sein, und verwende alle Kraft, sie zu verdecken?
In welcher Haltung ertrage ich meine Verwundungen? Ist mir mein

Glaube eine Hilfe? Spielen meine Verwundungen in meinen Gebeten eine Rolle?

4. Positive und negative Folgen
Bin ich mir bewußt, daß meine eigene Aggressivität und die Neigung, anderen Stiche zu versetzen, vielleicht daher rühren, daß meine eigenen Wunden nicht geheilt sind?
Sehe ich die Chance, daß ich einen anderen, der an ähnlichen Verwundungen leidet wie ich, viel besser verstehen kann?
Glaube ich daran, daß Verletzungen im Leben vernarben und heilen können?
Bin ich mir bewußt, daß ich als vernarbter Mensch an Tiefe und Erfahrung gewonnen habe?

Schrifttext

Wunden, die mir das Leben oder andere geschlagen haben, schmerzen nicht nur, oft schäme ich mich auch für sie. Am liebsten möchte ich sie nicht wahrhaben, sie vor anderen zudecken oder einfach von mir weisen. In einer der bekanntesten Ostergeschichten sind es gerade die Wunden, an denen Jesus erkannt wird. Sie sind Zeichen seiner Identität.

Schriftstelle: Joh 20, 24–29

Allgemeines Schuldbekenntnis – Zusage der Vergebung

Gemeinsames gebet (Litanei)

Herr Jesus Christus, Wunden von Menschen sind dir immer nahegegangen. Selbst verwundet, bist du unser Heiland geworden. Für die vielen, die auch heute verwundet werden und verwundet sind, rufen wir zu dir: Sei ihnen ein Heiland. A: Sei ihnen ein Heiland.
Allen, die körperlich leiden ... A: Sei ihnen ein Heiland.
Allen, die aus innerem Groll zugrunde zu gehen drohen ...
Allen, die von anderen verletzt wurden ...
Allen, die schlimme Erlebnisse mit sich herumtragen ...
Allen, die seelisch verwundet sind ...
Allen, denen der Tod eines lieben Menschen eine Wunde geschlagen hat, die nicht mehr heilen will ...
Allen, die anderen Menschen schweres Leid zugefügt haben und die nicht damit fertig werden ...
Allen, die sich in Isolation vergraben haben oder hineingetrieben wurden ...

Allen, die von Fragen zerfressen werden ...
Allen, die an Sinnlosigkeit leiden ...

VATERUNSER – SEGEN

Schlußlied: GL 220,1–2 (Verklärt ist alles Leid der Welt)

15. Deine Sprache verrät dich

Vorbereitung: Spruchkarte (Materialteil, S. 109) vervielfältigen und auslegen.

Lied: GL 462 (Zu dir, o Gott, erheben wir)

Einleitung

Wenn Leute im Urlaub sind und mit Fremden ins Gespräch kommen, heißt es oft: »Sie sind sicher aus der Gegend von …« Die heimatliche Mundart läßt sich einfach nicht verleugnen.
So ähnlich müssen wir uns die Szene vorstellen, wie sie sich im Hof des Hohenpriesters abgespielt hat. Einheimische aus Jerusalem stellen Petrus eine Frage. Dieser antwortet in seinem galiläischen Kauderwelsch. Das ist so ähnlich, wie wenn ein Berliner in Bayern sagt: Icke, icke … Die Leute hören sofort: Der kommt aus nördlichen Breiten.

Schrifttext: Mt 26,69–75

Hinführung zur Gewissenserforschung

Sprache ist verräterisch. Ohne daß ich mir dessen bewußt bin, sagt sie deutlich, woher ich stamme, was ich denke, wie ich eingestellt bin, welchen Charakter ich habe … Sprache ist einfach verräterisch.

Fragen zur Gewissenserforschung

1. Welche Sprache spreche ich?
Mit welcher Sprache bin ich aufgewachsen?
Spreche ich sie noch?
Verberge ich vielleicht meinen Dialekt, weil ich Angst habe, er könnte meinem Image schaden?
Setze ich Dialektbrocken gezielt ein, um witzig zu wirken?
Setze ich die Hochsprache bewußt ein, um anderen gegenüber überlegen und intellektuell zu wirken?
Dürfen meine Kinder daheim Umgangsdeutsch sprechen oder habe ich dauernd Angst, es könnte ihnen in der Schule schaden?

2. Was sind meine sprachlichen Erkennungszeichen?
Was rutscht mir über die Zunge, wenn ich nicht mehr weiter weiß, wenn Funkstille eintritt?

Was sind meine Ausdrücke, wenn ich mich abreagiere?
Was sind meine Lieblingswörter?
Was sage ich, wenn mir etwas mißlungen ist?

3. Wie ist mein Gesprächsverhalten?
Worüber unterhalte ich mich gern?
Merke ich, ob die anderen Interesse an meinem Vortrag haben?
Kann ich mich auf die Themen anderer einlassen oder schalte ich dann ab?
Wie verhalte ich mich im Gespräch?
Klopfe ich gerne Sprüche, um im Mittelpunkt zu stehen?
Fällt es mir schwer, mich ins Gespräch einzubringen?
Schweige ich bewußt, um nicht Farbe bekennen zu müssen?
Gehöre ich zu denen, die jedem zunicken und »ja, ja« sagen?
Stelle ich nur Behauptungen auf oder frage ich meinen Gesprächspartner auch: Was meinst du dazu?
Kann ich mich auf eine andere Meinung einlassen und darüber nachdenken oder blocke ich sofort ab?
Wenn ich merke, ich bekomme kein Recht, werde ich dann laut?
Ziehe ich mich dann schmollend zurück und sage gar nichts mehr oder werde ich ironisch und versuche, die anderen mit meiner spitzen Zunge zu verletzen?
Bin ich sensibel für die Signale, die mein Gesprächspartner mit seinen Gesten, mit seinen Blicken, mit seinem Gesichtsausdruck sendet?
Wenn ich spüre, der andere beginnt von ganz persönlichen Dingen zu erzählen – lenke ich dann ab oder kann ich mich darauf einlassen?
Bin ich neugierig, will ich nur aus dem anderen etwas herauskitzeln, halte mich selbst aber mit meinen persönlichen Dingen bedeckt?

4. Wie spreche ich über andere?
Wie spreche ich bei anderen von meiner Frau, von meinen Schwiegereltern, von Berufskollegen und Ausländern?
Wie spreche ich über diejenigen, die ich überhaupt nicht »verputzen« kann?
Wie spreche ich über meinen Vorgesetzten, wenn er da ist? Wie spreche ich über ihn, wenn ich sicher weiß, er ist außer Haus?

5. Wie spreche ich über heikle Themen?
Wie spreche ich über Liebe, Sexualität und Partnerschaft?
Falle ich in den Jargon der Gossensprache oder zeigt sich in den Worten, die ich wähle, Ehrfurcht vor der Würde des Menschen?

Kann ich über sexuelle Dinge nur im angeheiterten Zustand und in Form von Witzen reden?
Betreibe ich sexuelle Kraftprotzerei?
Kann ich mit meinem Partner über unsere intime Beziehung, über Wünsche und Ängste reden?

6. Wie ist die Gesprächskultur in unserer Familie?
Wieviel Zeit nehmen wir uns zum Gespräch?
Wer führt das große Wort?
Reden wir beim Essen miteinander? Gibt es Essenszeiten, die wir bewußt miteinander verbringen?
Fange ich wieder zu reden an, wenn es Streit gab?
Kann ich Verärgerung aussprechen und den Grund dafür benennen – oder fresse ich es in mich hinein, lasse den anderen aber meine Verärgerung anderweitig spüren?
Muß ich immer das letzte Wort haben?

7. Wie spreche ich mit Gott?
Wie rede ich ihn an?
Bin ich immer nur selbst am Reden?
Kann ich in der Stille horchen?
Nehme ich mir Zeit für das Gespräch mit Gott?

Allgemeines Schuldbekenntnis – Zusage der Vergebung

Lied: GL 301, 3–5 (Täglich umgeben mich Worte und Stimmen)

Überleitung zur Überlegung eines Vorsatzes

Von Konfuzius wird erzählt: Man fragte Konfuzius, womit er beginnen würde, wenn er ein Land zu verwalten hätte. »Ich würde den Sprachgebrauch verbessern«, antwortete der Meister. Seine Zuhörer waren erstaunt. »Das hat doch nichts mit unserer Frage zu tun«, sagten sie, »was soll die Verbesserung des Sprachgebrauchs?« Der Meister antwortete: »Wenn die Sprache nicht stimmt, so ist das, was gesagt wird, nicht das, was gemeint ist; ist das, was gesagt wird, nicht das, was gemeint ist, so kommen die Werke nicht zustande; kommen die Werke nicht zustande, so gedeiht die Moral und Kunst nicht; gedeiht die Moral und Kunst nicht, so trifft die Justiz nicht; trifft die Justiz nicht, so weiß die Nation nicht, wohin Hand und Fuß setzen. Also dulde man keine Willkürlichkeit in den Worten. Das ist es, worauf alles ankommt.«
Vermutlich sind mir heute einige Dinge über meine Sprache und mein Sprechverhalten aufgegangen. Wo meine ich, daß ich an mei-

ner Art zu sprechen etwas verändern müßte? Am meisten Erfolg werde ich haben, wenn ich mir jetzt gleich einen bestimmten Punkt herausgreife, mit dem ich anfangen will.

– Stille –

Gemeinsames Gebet *(Spruchkarte)*

Gott,
gib mir die richtigen Worte,
gib mir den richtigen Ton.
Worte, die deutlich für jeden
von Dir reden,
gib mir genug davon.
Worte, die klären,
Worte, die stören,
wo man vorbeilebt an Dir.
Wunden zu finden
und zu verbinden,
gib mir die Worte dafür.

Vaterunser – Segen

Schlußlied: GL 614,1–3 (Wohl denen, die da wandeln)

Bußgottesdienste für besondere Anlässe und Zielgruppen

16. Antennen

(für Firmlinge)

Vorbereitungen: Als Musik eignet sich eine ruhige, nicht unbedingt klassische Musik, z.B. »Best of Kitaro« (Kuckuck Schallplatte 073).

A) Gruppenarbeit

(evtl. im Rahmen einer Gruppenstunde, die dem Bußgottesdienst vorausgeht, oder als Element eines Besinnungstages, der mit dem Bußgottesdienst abgeschlossen werden kann)

1) Übung
Radio mit eingezogener Antenne spielen lassen; Antenne ausziehen und die Richtung für einen guten Empfang suchen.
2) Impulsfragen
Was sind Vorbedingungen für einen guten Empfang? Kann man auch beim Menschen von »Antennen« und gutem »Empfang« sprechen? Was ist im technischen und im menschlichen Bereich vergleichbar?
3) Bastelarbeit
Glasrähmchen in der Größe eines Diarahmens über brennender Kerze schwärzen; mit einem Zahnstocher Dächer mit Antennenwald einritzen.

B) Bußgottesdienst

Lied: Troubadour 46, 1–6 (Herr, gib uns Mut zur Stille)

Einleitung

Ausgewähltes Rußbild mit Antennenwald projizieren; Musik

Häusermeer – Antennenwald – Antennen auf Dächern – Antennen auf Autos – Antennen fürs Radio – Antennen fürs Fernsehen. Die eine empfängt Unterhaltungsmusik auf Bayern 3, die andere Klassik auf Bayern 4, die eine Pop, die andere Rock, die eine Werbung, die andere Schulfunk, die eine Tagesschau, die andere Dallas. Zu jeder Tages- und Nachtzeit liefern sie etwas ins Haus.

Gebet

Herr, unser Gott,
unsere Welt ist laut geworden.
In unserer Welt wird so viel gesprochen und propagiert,
daß wir gar nicht alles aufnehmen können.
Oft sehnen wir uns nach Stille
und merken doch: Wir brauchen den Lärm.
Gott,
laß uns heute einmal still werden
und in der Stille versuchen,
deine Stimme herauszuhören.

Fragen zur Gewissenserforschung

Hört einmal in euch hinein. Laßt euch durch Antennen anregen, über manches nachzudenken.

– Musik –

Was empfange ich den ganzen Tag über meine Radioantenne?
Wieviel Zeit verbringe ich so durchschnittlich vor dem Fernseher?
Übernehme ich wahllos, was mir die Antennen ins Haus liefern oder treffe ich bewußt eine Auswahl?
Lasse ich mich einfach berieseln und hüpfe von einem Programm zum anderen?
Drücke ich einfach das Knöpfchen, wenn's mir langweilig ist?
Schlage ich beim Fernsehen und Radiohören meine Zeit tot?
Halte ich es überhaupt noch aus, wenn's in meinem Zimmer einmal ganz still ist?

– Musik –

Habe ich eine Antenne für Menschen in meiner Umgebung?
Spüre ich, was anderen wehtut und was anderen Freude macht?
Fühlt meine innere Antenne, wenn es daheim Störungen gibt?
Bemühe ich mich, Störungen zu beseitigen, soweit es mir möglich ist?
Schalte ich einfach ab, wenn mir meine Eltern etwas sagen?
Versuche ich, auch mit Menschen zu reden, die eine andere Wellenlänge haben als ich?

– Musik –

Fahre ich in meinem Leben noch eine Antenne für Gott aus?
Bemühe ich mich, mitten unter den vielen Stimmen unserer Tage, Seine Stimme herauszuhören?

Versuche ich im Gebet und im Gottesdienst, darauf zu hören, was Er mir sagen will?
Ziehe ich meine Antenne einfach ein, wenn es um religiöse Dinge geht?
Werde ich nach der Firmung den Draht zu Gott abreißen lassen oder werde ich meine Antenne immer neu nach ihm ausrichten?

Schrifttext

Meine Antenne auf Gott auszurichten und wirklich Empfang zu bekommen, ist nicht so leicht. Sogar ein so großer Prophet wie Elia hat mehrere Versuche starten müssen, bis es »gefunkt« hat.

Schrifttext: 1 Kön 19,11–13

Allgemeines Schuldbekenntnis – Zusage der Vergebung

Gemeinsames Gebet

GL 623 (Worauf sollen wir hören)

Vaterunser – Segen

Schlußlied: Troubadour 99 (Gott hat ein Wort für dich)

17. Judas und ich

(im Rahmen eines Besinnungstages für Firmlinge)

Vorbereitungen: Den Film »Judas«, 93 Min, Spanien 1952, bei einer Medienzentrale besorgen; für jeden Teilnehmer das »Abendmahl« von Leonardo da Vinci als Meditationsbildchen bestellen (Ellwanger Rottenburger Kunstverlag Nr. 281); Bibel-Beilage kopieren (Materialteil, S. 114/115); Tapetenrolle; Stifte.

1. Brainstorming

Impulsfragen: Was wißt ihr von Judas? Welche Gefühle habt ihr, wenn ihr den Namen »Judas« hört?
Der Leiter hält die Ergebnisse auf einem Overheadprojektor oder einer Tafel fest.

2. Der biblische Hintergrund

Gesamtübersicht von biblischen Stellen über Judas austeilen (vgl. Beilage); gemeinsam lesen; der Leiter gibt jeweils kurzen Kommentar.

3. Vorbereitung von szenischen Spielen in Arbeitsgruppen

Gruppe A)
Arbeitsauftrag: Stellt euch vor, ihr wäret ein Tribunal, das den »Fall Judas« zu verhandeln hat. Judas wird euch vorgeführt. Ihr müßt ein Urteil über ihn sprechen.
Welche Fragen würdet ihr stellen?
Wie würde Judas reagieren?
Wie würde die Verhandlung ablaufen?
Welches Urteil würde gesprochen?
Vorschlag zur Personenverteilung: Richter, Staatsanwalt, Verteidiger, Zeugen, Angeklagter (Judas).

Gruppe B)
Arbeitsauftrag: Stellt euch vor: Judas geht in der Nacht nach dem Verrat heim, legt sich ins Bett und versucht zu schlafen. Er wälzt sich von einer Seite auf die andere. Er findet nur einen unruhigen Schlaf. Da träumt er: Jesus tritt ins Zimmer und steht plötzlich vor ihm. Was würde sich abspielen? Was würde Jesus fragen? Wie würde Judas sich verhalten?

4. Plenum

Die Gruppen führen ihr szenisches Spiel vor.

5. Schreibgespräch

Der Leiter schreibt auf eine Tapetenrolle:
Wo bin ich Judas verwandt?
Wo entdecke ich Ähnlichkeiten mit ihm?
Die Firmlinge schreiben still ihre Gedanken auf die Rolle.

6. Film »Judas« vorführen

Kurze Inhaltsangabe: Ein maßlos ehrgeiziger und gewinnsüchtiger Kaufmann namens Mariano spielt seit mehreren Jahren bei den Passionsspielen seines Heimatdorfes erfolgreich die Rolle des Judas. Seine Leistung auf der Bühne beruht darauf, daß er nur seinen eigenen Charakter auszudrücken braucht. Weil Mariano es aber schon lange auf die Rolle des Jesus abgesehen hat, läßt er den Jesusdarsteller durch falsche Anschuldigungen ins Gefängnis bringen und übernimmt dessen Rolle. Durch das Meditieren der Jesusrolle erlebt er seine große Bekehrung.
Da es sich um einen alten Schwarzweißfilm handelt, sollte der Leiter die Kinder von vornherein darauf hinweisen, daß sie keine gewohnte Fernsehqualität erwarten dürfen.

Impulsfragen zur Auswertung
Warum heißt der Film »Judas«?
Wo hat Mariano Ähnlichkeiten mit dem Judas der Bibel?
Welche Bereiche seines Lebens verändern sich grundlegend?
Wodurch geschieht das?

7. Vorbereitung des Bußgottesdienstes

Der Leiter erinnert an die typischen Problemfelder der Judasfigur im Film und in der Bibel. Auf diesem Hintergrund erstellen die Gruppen einen Gewissensspiegel. Unter dem Leitgedanken »Wo gibt es Parallelen zwischen mir und Judas?« sammeln vier Gruppen Fragen zu je einem der folgenden Sachbereiche:
- Ich und meine Freunde
- Ich und mein Bezug zum Geld
- Ich und mein Gewissen
- Ich und Jesus

8. Feier des Bußgottesdienstes

Lied: Troubadour 32 (Ich zieh meine dunkle Straße)

– Bild von Leonardo da Vinci austeilen –

Einleitung

Dieses Bild, das ich euch ausgeteilt habe, kennt ihr vielleicht. Es ist das berühmte Abendmahlsbild von Leonardo da Vinci. Früher wurde es oft den Kommunionkindern als Erinnerung an ihren Erstkommuniontag geschenkt. Leonardo da Vinci malte es für den Speisesaal eines Klosters in Mailand. Über die Entstehung dieses Bildes erzählt man sich: Als erstes suchte er sich einen jungen Mann als Modell für Jesus. Danach zeichnete er ein Jahr lang die Apostel. Schließlich fehlte ihm nur noch die Judasfigur. Und für diesen Apostel wollte er ein besonders typisches Gesicht suchen: Schon von weitem sollte man ihm Bosheit und Verschlagenheit ansehen. In einer Kneipe fand er den richtigen Mann. Als Leonardo anfing, sein Gesicht zu porträtieren, fragte ihn der Mann: Warum malst du mich jetzt als Judas? Vor einem Jahr hast du mich doch schon als Christus gemalt!
Ein Stück Jesus und ein Stück Judas stecken in jedem von uns.

Bußruf: Troubadour 437 (Ostende nobis, domine, misericordiam tuam; Taizé-Gesang)

Gebet

Jesus,
du selbst hast dir Freunde gesucht.
Sie haben deinen Weg begleitet.
Du hast auf sie Hoffnung gesetzt.
Auch wir sehnen uns nach Freundschaft.
Auch wir sehnen uns nach echten Freunden,
auf die wir uns verlassen können
und die zu uns stehen.
Doch wir spüren auch,
daß wir manchmal den Anforderungen einer Freundschaft
nicht gewachsen sind,
daß wir gerade dann, wenn wir gebraucht werden,
uns aus der Schlinge ziehen.
Über dieses wichtige Thema wollen wir heute nachdenken.
Hilf, daß es uns und unseren Freunden zugute kommt.

Spiel

Die Gruppen spielen die zwei vorbereiteten Szenen vor.

Fragen zur Gewissenserforschung

Zum Verlauf: Gruppenmütter lesen die Fragen vor, die von den Gruppen erarbeitet wurden. Sie können durch die hier aufgelisteten Fragen ergänzt werden.
Während der ganzen Zeit haben die Kinder das Abendmahlsbild von Leonardo da Vinci vor sich.

1. Ich und meine Freunde
Leiter: Über drei Jahre war Judas einer der besten Freunde Jesu. Doch als er merkte: Mein Freund ist anders, als ich ihn mir gewünscht habe, kehrt er sich von ihm ab. Dieses Bild fragt mich: Wie ist mein Verhältnis zu meinen Freunden?
Gruppenmutter/vater: Wer sind meine Freunde?
Wie lange dauert unsere Freundschaft schon?
Was schätze ich an ihnen?
Was tue ich für sie?
Warum will ich jemanden zum Freund/zur Freundin haben?
Was mache ich, wenn ich Streit mit ihnen habe?
Wie verhalte ich mich, wenn ich spüre: Gegen meinen Freund/meine Freundin braut sich etwas zusammen?
Versuche ich, Vorteile aus einer Freundschaft zu ziehen?
Kann ich Freundschaft halten, auch wenn sich herausstellt, daß mein Freund/meine Freundin anders sind, als ich mir erhofft habe?

2. Ich und das Geld
Leiter: Immer wird Judas mit dem Geldsäckel abgebildet. Zu Recht oder zu Unrecht wird ihm nachgesagt, daß das Geld für ihn ein Anreiz war, Jesus zu verraten. Wie steht es bei mir?
Gruppenmutter/vater: Wie wichtig ist Geld für mich?
Wofür gebe ich mein Geld aus?
Wie gehe ich mit meinem Geld um? Verhaue ich es oder bin ich knausrig?
Wenn ich Geld gefunden habe, bin ich dann ehrlich und gebe es zurück?
Besuche ich des Geldes wegen meine Verwandten?
Gebe ich mit meinem Taschengeld an, um andere neidisch zu machen?
Wenn ich mich als Außenseiter fühle, versuche ich, mir dann mit Geld Freunde zu machen?

3. Ich und mein Gewissen

Leiter: Nach seinem Verrat hat Judas sein Gewissen schwer geplagt. Er ist nicht damit fertig geworden. Welche Erfahrung habe ich mit meinem Gewissen gemacht?

Gruppenmutter/vater: In welchen Situationen meldet sich bei mir das Gewissen?

Wie meldet sich bei mir das Gewissen?

Wann bekomme ich ein schlechtes Gewissen?

Wie gehe ich mit meinem schlechten Gewissen um? Versuche ich mich abzulenken und es zu verdrängen? Rede ich mir ein: Das ist doch nicht so schlimm! Da kannst du doch nichts dafür!

Bekomme ich überhaupt ein schlechtes Gewissen, wenn ich falsche Sachen über andere sage, wenn ich jemanden anlüge, wenn ich anderen weh getan habe?

Rührt sich mein Gewissen, wenn einer in Schwierigkeiten oder in Not ist, und ich helfen müßte?

4. Ich und Jesus

Leiter: Jesus war für Judas eine neue Hoffnung. Er ist einer der engsten Freunde von ihm geworden. Aber dann hat er seine Beziehung plötzlich abgebrochen. Wie steht es mit meiner Beziehung zu Jesus?

Gruppenmutter/vater: Was bedeutet mir Jesus für mein Leben?

Ist er für mich so etwas wie ein Freund?

Worin ist er mir ein Vorbild?

Wenn ich die Zeit von der Kommunion bis zur Firmung überdenke: Ist meine Beziehung zu Jesus stärker oder schwächer geworden?

Wo habe ich ihn »verraten«?

Was ist, wenn meine Begeisterung für Jesus einmal nachläßt: Schleiche ich mich dann davon oder versuche ich, an einer neuen Beziehung zu Jesus zu arbeiten?

Was glaube ich: Wie sieht mich Gott, wenn ich etwas falsch mache?

Kann ich daran glauben, daß mir vergeben wird, auch wenn ich einen schweren Fehler gemacht habe?

Schrifttext

Schon in der Bibel und erst recht in späteren Jahrhunderten wird an Judas kein gutes Haar gelassen. Es wird das Bild von einem Schuft und geldgierigen Bösewicht gezeichnet. Manchmal wird Judas sogar in Verbindung mit dem Teufel gebracht.

Ganz anders sieht ihn der Künstler der romanischen Kathedrale von Vézelay in Frankreich. Auf dem Kapitell einer Säule stellt er auf der einen Seite dar, wie sich Judas aus Verzweiflung an einem Baum aufhängt. Auf der anderen Seite trägt Jesus den gleichen Judas auf seinen Schultern. Jesus ist dargestellt als der Gute Hirte. Er trägt den Judas wie das verlorene Schaf, von dem das Gleichnis erzählt.

Schriftstelle: Lk 15, 3–7

Allgemeines Schuldbekenntnis – Zusage der Vergebung

Gemeinsames Gebet

In unseren Augen ist Judas gescheitert. Wie deine Augen, Gott, Judas sehen, wissen wir nicht.
Wir beten für alle, die große Vorsätze gefaßt haben, aber nicht die Kraft hatten, sie durchzuführen ... (GL 358, 3 oder ein anderes Kyrie als Antwortruf).
Wir beten für alle, die mit großem Enthusiasmus eine Lehre begonnen haben, aber merken, daß sie in diesem Beruf kaputtgehen ...
Wir beten für alle, die ihrem Partner die Treue versprochen haben, ihr Versprechen aber nicht halten konnten ...
Wir beten für alle, die im Glauben tief verwurzelt waren, aber auf Grund besonders schwerer Lebensumstände ins Zweifeln gekommen sind ...
Wir beten für alle, die keinen Ausweg mehr gefunden haben und sich deshalb das Leben genommen haben...

Vaterunser – Segen

Schlußlied: Troubadour 40 (Singt dem Herrn und lobt seinen Namen)

18. Sicht-weisen

(für Jugendliche am Silvesterabend)

Vorbereitung: Folgende Worte auf Schilder schreiben: »Sicht«, »Vor-«, »Rück-«, »Nach-«, »Um-«, »Ein-«, »Weit-«, »Durch-«.
Aufnahmen: Hoffmann & Hoffmann, Rücksicht (LP Best.-Nr. 205 452–365; LC Best.-Nr. 405 452–371).

Lied: Troubadour 21 (Laß uns in deinem Namen, Herr, die nötigen Schritte tun)

Einleitung

Die Römer hatten einen merkwürdigen Gott. Er wird mit zwei Köpfen dargestellt. Der eine schaut rückwärts, der andere nach vorne. Es ist der Gott, nach dem unser Monat »Januar« benannt ist: der Gott Janus.
An der Schwelle zum Neuen Jahr steht der Mensch genau in dieser Situation: Mit dem einen Blick schauen wir auf das alte Jahr zurück, und schon geht der Blick auf das neue Jahr voraus.
Wir wollen an diesem Abend beides tun: zurückblicken und vorausblicken.

Rückblick – Vorblick

Was habe ich im vergangenen Jahr als gut und beglückend erfahren? Was war belastend?
Was hat mich geärgert oder sogar verletzt?
Wem bin ich ein Wort schuldig geblieben?
Wem habe ich weh getan?
Wem verdanke ich sehr viel im vergangenen Jahr?
Welche Pläne und notwendigen Veränderungen konnte ich in meinem Leben verwirklichen?
Welche sind gescheitert?
Was hat mir in meinem Glaubensleben besonders weitergeholfen?
Was hat mich irritiert?
Was halte ich für das kommende Jahr für besonders wichtig?
Welche Wünsche habe ich an mich selbst – an andere?
Welche Wünsche haben andere an mich?

– Stille –

Gebet (in Anlehnung an J. Zink)

Gott, wir danken dir für dein Geleit durch das vergangene Jahr,
für alles, was uns gelungen ist,
für alles, worauf wir stolz sind,
für alle Sorgen, die in diesem Jahr von uns gefallen sind,
für so manche Überraschung, die eine Bereicherung war.
Gott, in deine Hände legen wir die Tage des vergangenen Jahres,
ihre Freude und ihre Angst,
ihre Unrast und ihre Mühe.
Du, Herr, kennst auch die dunklen Stunden, die wir verbergen möchten,
die Mißerfolge, die wir nicht wahrhaben möchten,
du weißt um das, was unerledigt liegenbleibt und als Ballast ins nächste Jahr hineingeschleppt wird.
Hilf uns, der Wahrheit standzuhalten
und mit einem wachen Blick für eigene Stärken und Schwächen
vor dich zu treten.
Wir bekennen vor dir, daß wir Unrecht getan haben,
absichtlich oder unabsichtlich,
im Zorn oder in der Gedankenlosigkeit und Trägheit des Herzens.
Wir sind manchen Menschen viel schuldig geblieben.
Wir haben unsere Zeit verbraucht,
als wären wir Herren über die Zeit.
Wir haben unsere Kräfte für Unwichtiges vergeudet.
Wir bitten dich: Erbarme dich unser.
Vergib uns Lieblosigkeit und Unglauben
und alle Schuld an dir und an den Menschen.

Lied: Kyrie eleison (z.B. Troubadour 226)

Sieben Sicht-weisen

Jeder kennt es aus Seefahrerfilmen: Wenn ein Schiff viele Wochen und Monate lang unterwegs ist und die Matrosen ahnen, daß es jetzt langsam aufs Ziel zugehen muß, dann hält einer im Mastkorb Tag und Nacht Ausschau. Und dann der erlösende Schrei: »Land in Sicht«. Und alles rennt auf Deck und kann es kaum erwarten, bis das Schiff anlegt.
Heute am Silvesterabend befinden wir uns in einer ähnlichen Situation. Es ist neues Land in Sicht. Das Jahr ... Das befreiende Seefahrergefühl haben wir wohl kaum, wenn wir jetzt in wenigen Stunden das neue Land ... betreten – trotz Sekt und Böllerschüssen.

Das Leben geht weiter. Um so wichtiger ist es, sich zu fragen: Mit welcher Sicht gehe ich ans neue Jahr heran?

Plakat »Sicht« in die Mitte legen

Sieben »Sichtweisen« sind mir eingefallen, die die Richtung für das neue Jahr weisen können.

1) Die Vor-sicht

Plakat »Vor-« links neben das Plakat »Sicht« legen

Nicht wie ein Elefant durch die Welt stapfen, sondern mit Spürsinn sich an Menschen und Situationen herantasten.
Erst einmal denken oder eine Nacht darüber schlafen, bevor ich mit jemandem zusammenrücke.
Vorsicht! Der Mensch ist aus Glas, leicht zerbrechlich.

2) Die Rück-sicht

Plakat »Rück-« links neben das Plakat »Sicht« legen

Berücksichtigen, jeder Mensch macht Höhen und Tiefen durch.
Er ist nicht immer gleichermaßen beanspruchbar.
Wenn einer Leid zu tragen hat, nicht auf der Höhe ist, dann kann ich von ihm nicht so viel fordern, wie ich es sonst gewohnt bin.

3) Die Nach-sicht

Plakat »Nach-« links neben das Plakat »Sicht« legen

Fehler macht jeder Mensch. Aber gerade damit tun wir uns schwer, Fehler nachsehen zu können, bei mir und bei anderen.
Und Fehler schmerzen. Aber das weiß jeder: Wenn ich Nachsicht erfahre, ist der schlimmste Schmerz schon vorbei.

4) Die Um-sicht

Plakat »Um-« links neben das Plakat »Sicht« legen

Umsicht mit Menschen: Die Menschen um mich herum sehen. Wahrnehmen, was sie bedrückt und belastet. Umsicht mit Dingen: Genauigkeit und Sorgfalt. Was ich gleich richtig mache, erspart mir später Ärger und Arbeit.

5) Die Ein-sicht

Plakat »Ein-« links neben das Plakat »Sicht« legen

Aus den Fehlern lernen.
Auf den Rat eines anderen hören.
Zugeben können: Du warst damals richtig gelegen.

Einsehen, daß nicht nur die anderen, sondern daß auch ich Fehler habe.

6) Die Weit-sicht

Plakat »Weit-« links neben das Plakat »Sicht« legen

Wenn ich etwas beginne, auch die Folgen mitbedenken.
Nicht nur in den Tag hineinleben, sondern über den Tag hinausschauen.
Bevor ich etwas anpacke, überlegen: Was ist eigentlich für mich wichtig?

7) Die Durch-sicht

Plakat »Durch-« links neben das Plakat »Sicht« legen

Nicht nur denken: Hauptsache, es ist vorbei.
Nicht einfach alles vorbeilaufen lassen, sondern auch nachdenken: Warum ist das so passiert?
Was kann ich daraus lernen?
Und wenn ich dann auch nach vielem Grübeln keinen Sinn entdekken kann, um die Gnade beten, daß ich darauf vertrauen kann: Gott blickt durch und Gott blickt weiter.

– Kassette: Hoffmann & Hoffmann, Rücksicht –

Schrifttext

Neue Sichtweisen lernen, das geht nicht von heute auf morgen. Was so komisch im Evangelium klingt, daß Jesus ein paarmal an dem unbekannten Blinden »herumdoktern« muß, das ist sehr symbolisch zu verstehen: Es braucht seine Zeit, bis ein Mensch klar zu sehen lernt:

Schriftstelle: Mk 8, 22–26

Allgemeines Schuldbekenntnis – Zusage der Vergebung

Lied: Troubadour 70 (Herr, gib Ohren, dich zu versteh'n)

Vaterunser – Segen (J. Zink)

Der Herr,
der Mächtige,
Ursprung und Vollender
aller Dinge,

segne dich,
  gebe dir Gedeihen und Wachstum,
  Gelingen deinen Hoffnungen,
  Frucht deiner Mühe,
und behüte dich
  vor allem Argen,
  sei dir Schutz in Gefahr
  und Zuflucht in Angst.
Der Herr lasse leuchten sein Angesicht über dir,
  wie die Sonne über der Erde
  Wärme gibt dem Erstarrten
  und Freude gibt dem Lebendigen,
und sei dir gnädig,
  wenn du verschlossen bist in Schuld,
  er löse dich von allem Bösen
  und mache dich frei.
Der Herr erhebe sein Angesicht auf dich,
  er sehe dein Leid
  und höre deine Stimme,
  er heile und tröste dich
und gebe dir Frieden,
  das Wohl des Leibes,
und das Wohl der Seele,
  Liebe und Glück.
Amen.
  So will es der Herr,
  der von Ewigkeit zu Ewigkeit bleibt.
  So steht es fest nach seinem Willen für dich.*
Dazu segne uns der allmächtige und barmherzige Gott...

Schlußlied: Troubadour 441 (Von guten Mächten)

* (Zink, Jörg – Wie wir beten können. Kreuz-Verlag, Stuttgart 1970.)

19. Die Toten sind mächtig

(Allerheiligen)

Vorbereitung: »Requiem aeternam« aus der gregorianischen Totenmesse mehrmals hintereinander aufnehmen (z.B. Gregorianischer Choral – Totenmesse, Deutsche Grammophon Gesellschaft 2547028).

Lied: GL 661 (Den Menschen, die aus dieser Zeit)

Einleitung

»Die Toten sind mächtig. Sie gehen ja nicht auf der Straße umher und zeigen auf den oder jenen, aber sie haben ihre Leidenschaften zurückgelassen, ihren Haß, ihre Schuld, das alles wuchert noch im Fleisch der Lebendigen. Es laufen Fäden von den Gräbern her über das ganze Dorf, unsichtbar gesponnen, unlösbar verknüpft, dein Leben lang entrinnst du der Verstrickung nicht, es zieht und zerrt dich näher und näher.« (K. H. Waggerl, Alles Wahre ist einfach, S. 70)

– Requiem aeternam –

Gebet

Gott,
der Totenmonat November erinnert uns
an Sterben und Vergehen,
erinnert uns an unseren eigenen Tod
und an den Tod unserer Verstorbenen.
Auch nach dem Tod unserer Angehörigen
ist die Beziehung zu ihnen nicht abgebrochen.
Auch nach ihrem Tod
beschäftigen uns noch viele Fragen,
auf die wir aber keine Antwort mehr bekommen.
Hilf uns, die Beziehung zu unseren Toten
heute zu überdenken.
Laß uns ehrlich sein,
wo Schuldgefühle und Haß in uns liegen.
Hilf, daß Unverarbeitetes in uns
zu heilen beginnt.

Fragen zur Gewissenserforschung

Die Toten sind mächtig. Im Guten wie im Bösen. Wenn ich vor seinem Grab stehe, dann merke ich, wie wichtig er für mich war, was er mir bedeutet hat. Es fallen mir viele Dinge ein, wofür ich ihm wirklich dankbar bin. Ich kann die Stunden nicht vergessen, die ich mit ihm glücklich war. Ich werde es nie vergessen, was mir gefehlt hat, als er plötzlich nicht mehr da war. Hat er gespürt, daß ich froh war, daß es ihn gab, oder habe ich es versäumt, ihm das zu sagen?

– Requiem aeternam –

Die Toten sind mächtig. Im Guten wie im Bösen. Wenn ich an Allerheiligen auf den Friedhof gehe, dann fallen sie mir ein: die Toten, mit denen ich nicht zurechtgekommen bin.
Dann fällt er mir ein, der Verwandte, den ich aus Trotz nicht besucht habe, als er auf dem Sterbebett lag. Dann fällt er mir ein, der Tote, dem ich bis heute nicht verzeihen kann. Dann fallen sie mir ein, die Toten, zu deren Lebzeiten der Streit anfing, in den bis heute unsere Familien verwickelt sind. Dann fällt er mir ein, der Tote, dem ich zu Lebzeiten den Tod gewünscht habe.

– Requiem aeternam –

Die Toten sind mächtig. Es laufen Fäden von den Gräbern her über das ganze Dorf, unsichtbar gesponnen, unlösbar verknüpft.
Erzähle ich meinen Kindern noch von meinen verstorbenen Eltern? Zeige ich ihnen Bilder und erzähle von früher?
Gehe ich auf den Friedhof, nicht nur an Allerheiligen?
Ist unter uns, ist in unseren Familien noch lebendig, was unseren Toten heilig war, worin sie groß waren – oder versuchen wir, die Fäden zu unseren Toten einfach durchzuschneiden?

– Requiem aeternam –

Die Toten sind mächtig. Sogar auf dem Kirchenzettel. Ich lese: »19.00 Uhr Messe für Arnold Kuschinsky« – was geht mich der an? Wer mich früher nicht angeschaut hat, für den bete ich nicht, wenn er tot ist.

– Requiem aeternam –

Die Toten sind mächtig. Es zieht und zerrt dich näher und näher.
Gehe ich als junger Mensch verantwortlich mit meinem Leben um?
Lebe ich in den Tag hinein – oder denke ich daran, daß meine Zeit begrenzt ist? Daß jede verpaßte Stunde unwiederbringlich ist?
Wenn ich als alter Mensch durch den Friedhof gehe und auf die Grabsteine meiner Altersgenossen schaue, sage ich mir da ehrlich und nüchtern: Du hast nur noch kurze Zeit zu leben?

– Requiem aeternam –

Schrifttext

Was ein Mensch mir wirklich bedeutet hat und wie wichtig er in meinem Leben war, das merke ich oft erst, wenn er tot ist. Als sein Sorgenkind Abschalom noch lebte, hat ihm König David oftmals den Tod gewünscht. Denn kein anderer hat ihm mehr zu schaffen gemacht als sein eigener Sohn. Aber als Abschalom bei einem Aufstand gegen seinen Vater ums Leben kommt, spürt er erst, was dieser Sohn ihm bedeutet hat.

Schriftstelle: 2 Sam 19,1–9a

Gemeinsames Gebet

Ja, Gott, die Toten sind mächtig.
Wir stehen vor dir mit der Erinnerung an unsere Toten.
Es sind nicht nur gute Erinnerungen.
Es quält uns, wenn wir über den Tod hinaus nicht verziehen haben.

V: Kyrie eleison A: Kyrie eleison.

Gott, wir stehen vor dir mit der Erinnerung an unsere Toten.
Es quält uns, was wir an ihnen versäumt haben.

V: Kyrie eleison A: Kyrie eleison.

Gott, wir stehen vor dir mit der Erinnerung an unsere Toten.
Es quält uns, wenn wir sie totschweigen.

V: Kyrie eleison A: Kyrie eleison.

Allgemeines Schuldbekenntnis – Zusage der Vergebung

Der allmächtige Gott erbarme sich unser...

Gott, gib du uns die Kraft,
daß wir voll Hoffnung und Entschlossenheit
den Weg des Lebens weitergehen.
Laß uns in der Hoffnung leben,
daß wir in unserem eigenen Tod
dich selbst finden werden und alle,
die uns im Glauben vorausgegangen sind.
Darauf vertrauen wir.

Vaterunser – Segen

Schlußlied: GL 656 (Wir sind nur Gast auf Erden)

20. Alles umsonst?

(für Senioren)

Vorbereitung: Das Bild »Der Sämann« von *van Gogh* als Dia über eine Medienzentrale bestellen oder als Meditationsbild austeilen (Verlag *Ver sacrum*, Best.-Nr. 839D).

Lied: GL 295 (Wer nur den lieben Gott läßt walten)

Einleitung

Bei einem Krankenhausbesuch erzählte eine ältere Frau ihrem Pfarrer, wie schwer es für sie war, als ihre Bettnachbarin entlassen wurde und sie den ganzen Tag allein im Zimmer lag. »Können Sie sich vorstellen«, fragte sie, »wie es mir da ging? Ich mußte dauernd nachdenken, und ich habe es kaum mehr ausgehalten. Andauernd ging mir der Satz im Kopf herum, den ich einmal von einem alten Mann gehört habe. Das schlimmste Wort, das es auf dieser Welt gibt, heißt umsonst.«

Kyrierufe: GL 485 (... der unsre Mühsal kennt ...)

Gebet

Herr, unser Gott,
das größte Stück Leben liegt hinter uns.
Wir haben uns bemüht,
Samen auszustreuen,
und haben darauf gehofft,
daß er Frucht bringt.
Wir stehen heute vor dir
mit unserem ehrlichen Willen,
mit so manchen enttäuschten Hoffnungen,
mit manchen Fehlschlägen –
und vielleicht auch mit leeren Händen.
Hilf uns,
ohne Bitterkeit auf unser Leben zurückzuschauen.
Laß uns vertrauen dürfen, daß du wirken kannst,
wo unsere Hände nicht mehr wirken können.
Laß uns glauben dürfen,
daß du mit gütigen und barmherzigen Augen auf uns schaust.

Hinführung zur Gewissenserforschung

Sie haben heute ein bekanntes Bild von Vincent van Gogh in der Hand. Er hatte kein leichtes Leben. Erst spät hat er seine Leidenschaft zum Malen entdeckt. Wie besessen hat er an seinen Bildern gearbeitet, doch zu Lebzeiten kein einziges verkaufen können. Trotz großer Bemühungen hat er es nie geschafft, eine Beziehung aufzubauen, die ihm Geborgenheit und Wärme geschenkt hätte. Seine letzte Station im Leben war die Irrenanstalt in St. Remis. Aus Verzweiflung hat er seinem Leben selbst ein Ende gesetzt.
Zu seinen bekanntesten Bildern gehört der Sämann. Beim ersten Hinschauen konkurrieren zwei Farbtöne miteinander: die dunklen Braun-Schwarztöne im unteren Bildfeld und die hellen Gelbtöne im oberen Bildfeld. Der Kampf der Farben stellt die bange Frage: Ist alles, worum ich mich bemühe und bemüht habe, umsonst oder hat es einen Sinn?

Fragen zur Gewissenserforschung

Der Sämann hat die Farben des Baumes. Er ist nicht mehr der Jüngste. Er ist ein Mann ohne Gesicht. Auch ich kann mich in ihn hineinversetzen.

Ein alter Sämann

Was habe ich hinter mir?
Was waren die größten Ernten in meinem Leben?
Wo habe ich umsonst ausgestreut, mich umsonst abgerackert?
Fange ich auch im Alter noch etwas an, ergreife ich Initiativen, oder denke ich mir: Es ist jetzt ohnehin alles bald vorbei?

Fast bedrohlich fällt der Baum über den Sämann

Wo gab es in meinem Leben Situationen, wo etwas über mich hereingebrochen ist? Wo ist meine Welt zusammengefallen?

Die überproportional große Hand

Der Sämann vertraut mit großer Geste den Samen dem Acker an.
Habe ich in meinem Leben eine offene Hand gehabt?
Habe ich in meinem Leben etwas aus der Hand geben können?
Was war mir kostbarer Same im Leben? Welche Gedanken, Haltungen wollte ich bewußt an die nachkommende Generation weitergeben?
War mir bewußt, daß ich auch meine Kinder nicht halten kann und daß es notwendig ist, sie aus der Hand zu geben, damit sie sich entwickeln können?

Ich bin nicht nur Sämann, ich bin auch Ackerfeld

Welche Menschen haben in meinem Leben Spuren hinterlassen?
Welches Wort ist bei mir auf fruchtbaren Boden gefallen?

Der Sämann verschwindet von der Bildfläche. Er geht ins Dunkle hinein.

Kann ich abtreten von meinem Betrieb, von meinem Hof, aus meiner Familie? Kann ich meinen Platz Jüngeren überlassen, ohne selbst zu verbittern?
Wie gehe ich auf meinen Tod zu?
Habe ich eine Hoffnung oder kann ich nur mit Grauen daran denken?

Hinter dem Sämann scheint die Sonne

Glaube ich, daß meinen Spuren Segen folgt – auch wenn ich es selbst nicht mehr erleben darf?
Oder meine ich alles aus eigener Kraft bewerkstelligen zu müssen?
Durfte ich im Leben eine gewisse Grundwärme spüren, die mir den Rücken gestärkt hat?
Wer waren für mich im Leben Sonnen?

Schrifttext

Van Gogh hat das Motiv vom Sämann aus der Bibel genommen. Wir kennen das Gleichnis vom Sämann, der seinen Samen ausstreut – doch umsonst. Ein Teil fällt auf den Weg, ein Teil auf felsigen Boden und ein Teil unter die Dornen. Aber ein Teil fällt auch auf fruchtbaren Boden. Ungeachtet des Mißerfolgs sich darüber zu freuen, was »aufgeht«, das ist im Sinne Jesu Lebenskunst.

Schriftstelle: Mk 4,1-9

Allgemeines Schuldbekenntnis – Zusage der Vergebung

Gemeinsames Gebet (Rückseite des Meditationsbildes)

Vaterunser – Segen

Schlußlied: GL 269,1.2.5 (Nun saget Dank und lobt den Herren)

21. Können bei uns Priester »wachsen«?

(Vor einem Priesterjubiläum)

Lied: GL 644, 1–4 (Sonne der Gerechtigkeit)

Einleitung

»Wie gut, daß es Maria gibt«, »Pfarrerin Lenau« und »Mit Leib und Seele«, das sind Filme, bei denen Millionen von Zuschauern vor dem Fernseher sitzen. Komisch: Nirgends sind Nonnen und Pfarrer so begehrt wie in Filmen. Da faszinieren diese Berufe und machen viele neugierig. Sie strahlen ein besonderes Flair aus. Dagegen erscheinen die echten Pfarrer und Nonnen merkwürdig blaß. Beim Fernsehen wünscht sich vielleicht so mancher, in der Rolle des Pfarrers oder der Nonne drinzustecken. Aber ist Pfarrer Kempfert von der Bildfläche verschwunden, ist auch das momentane Interesse für geistliche Berufe ausgeschaltet.

Bußruf: GL 170 (Lehre uns, Herr, deinen Willen zu tun)

Gebet

Allmächtiger Gott,
schenke uns Menschen,
die deine Sache mit Überzeugung vertreten.
Erwecke in der Kirche den Geist des Glaubens
und der Bereitschaft
und berufe auch in unseren Tagen Menschen,
die sich von deiner Botschaft treffen lassen
und dein Wort mit Festigkeit und Güte verkünden.
(nach Meßbuch, S. 1035)

Fragen zur Gewissenserforschung

1. Fragen an Eltern
(L 1) Papst Johannes XXIII. stammt aus einem kleinen Bauerndorf in Norditalien. Als Diplomat des Vatikans hat es ihn später in fremde Länder verschlagen. Doch eines bleibt ihm immer: die Erinnerung an die Heimat. Im Jahr 1930 schreibt er als Apostolischer Delegat aus Sofia in einem Brief an seine alten Eltern: »Nachdem ich euer Haus mit ungefähr zehn Jahren verlassen habe, habe ich

viele Bücher gelesen und viele Dinge gelernt, die ihr mich nicht lehren konntet. Aber die wenigen Dinge, die ich bei euch zu Hause gelernt habe, sind die köstlichsten und wichtigsten geblieben und beleben mit ihrer Wärme die vielen anderen, die ich später in so langen Studien und Lehrjahren gelernt habe.«

(L 2) Was wird unseren Kindern von ihrem Elternhaus in Erinnerung bleiben?

Können unsere Kinder daheim »Nestwärme« spüren?

Wie ist das menschliche Klima in unserer Familie?

Wie feiern wir unsere gemeinsamen Feste?

Welche Werte wollten wir an unsere Kinder weitergeben?

Welche Rolle spielt das religiöse Leben in unserer Familie?

Sind religiöse Fragen bei uns ein Thema, über das geredet und gestritten werden darf?

Ist das Gebet bei uns natürlich in den Tagesablauf eingebunden oder empfinden es unsere Kinder immer als etwas Aufgepfropftes?

Wenn mein Bub käme und sagen würde, er möchte gern Priester werden, was würde ich empfinden, wie würde ich reagieren?

2. Fragen an Jugendliche

(L 1) In seinem Fastenhirtenbrief zum Thema »Priester werden« stellt Bischof Franz Kamphaus an den Anfang ein Zitat von Antoine de Saint-Exupéry: »Wenn du ein Schiff bauen willst, so trommle nicht Männer zusammen, um Holz zu beschaffen, Werkzeuge vorzubereiten, Aufgaben zu vergeben und die Arbeit einzuteilen, sondern lehre die Männer die Sehnsucht nach dem weiten, endlosen Meer.«

Als junger Mensch muß ich mir klarmachen: Für die Richtung, die mein Leben nimmt, ist die Sehnsucht entscheidend, die mich trägt.

(L 2) Was ist mein großer Traum?

Was habe ich mir für mein Leben vorgenommen?

Habe ich Sehnsucht nach mehr als nach Arbeit, Erfolg, Konsum, Vergnügen?

Wie steht es mit meinem Verhältnis zu Gott?

Traue ich ihm zu, daß er mit meinem Leben etwas vorhat?

Wie steht es mit meinem Verhältnis zur Kirche?

Habe ich die Einstellung »die Kirche ist ein altes Haus!«? Denke ich mir: Schade für jeden Einsatz? Oder bin ich bereit, auch meine junge Kraft für sie einzubringen?

Kann ich der Kirche für manche Dinge im Leben dankbar sein?

Was verlange ich von einem Priester?

Setze ich mich mit dem auseinander, was ein Pfarrer sagt, oder lächle ich von vornherein: Typisch Kirche!

Traue ich einem Priester zu, daß er einen Erfahrungsvorsprung hat – oder stelle ich ihn in die Ecke: Der versteht sowieso nichts von der Welt, von Familie, vom Leben!
Wie würde ich reagieren, wenn ein Klassenkamerad/Freund mir sagen würde: »Ich will Priester werden.«

3. Fragen an die Gemeinde
(L 1) Es ist eine alte Pfarrersregel: Wenn du neu an eine Stelle kommst, schau erst ein Jahr lang zum Fenster hinaus! Dahinter steckt die Erfahrung: In jeder Gemeinde sind Strukturen oft seit Jahrhunderten gewachsen, die einer allein nicht so schnell verändern kann. Wenn er klug ist, beobachtet er erst einmal, bevor er sich die Zähne ausbeißt und dann doch vor unverrückbaren Gesetzen und Gewohnheiten resigniert.
Sind sich Gemeinden eigentlich bewußt, daß sie mit ihren Erwartungen und eingeschliffenen Gewohnheiten ihren Pfarrer in der Hand haben, daß auch sie Geleise für eine gute oder schlechte Entwicklung ihres Pfarrers legen? Auch eine Gemeinde muß sich deshalb fragen:
(L 2) Wenn ein neuer Pfarrer kommt, lasse ich mich auf ihn ein? Oder messe ich ihn ständig an seinem guten oder schlechten Vorgänger?
Wird unser Pfarrer auf das gewohnte Programm festgenagelt oder hat er die Freiheit, andere Wege zu gehen, andere Akzente zu setzen?
Stehe ich dafür auch im Pfarrgemeinderat, beim Dorfklatsch, am Wirtshaustisch ein?
Wird ein Pfarrer bei uns wie ein normaler Mensch behandelt oder als »heilige Kuh« in den Himmel gehoben oder als einer, der nicht mehr in die Welt paßt, ausgesondert?
Bin ich mir bewußt, daß auch ein Pfarrer von berechtigter Kritik lernen kann und von ernstgemeintem Lob beflügelt wird?
Bewahrt unsere Gemeinde den Pfarrer durch einen natürlichen Umgang davor, ein weltfremder Eigenbrötler zu werden?
Welche Typen von Pfarrer habe ich bisher erlebt?
Was habe ich an ihnen geschätzt, was verdanke ich ihnen?
Ist bei mir ein Satz von ihnen besonders hängengeblieben?
Könnte ich einem Pfarrer guten Gewissens raten: Kommen Sie zu uns, bei uns werden Sie aufgenommen, in ... sind Sie gefragt, wir stehen zu Ihnen?

Schrifttext

In idealisierter Form schildert Lukas in der Apostelgeschichte, wie die erste Gemeinde in Europa entsteht, wie Seelsorger und Gemeinde aufeinander zugehen: Der Seelsorger Paulus sucht die Begegnung mit Menschen in Philippi, und eine Frau macht ihr Herz und ihre Türen auf.

Schriftstelle: Apg 16, 11–15

Allgemeines Schuldbekenntnis – Zusage der Vergebung

Gemeinsames Gebet

GL 27, 5 (um geistliche Berufe)

Vaterunser – Segen

Schlußlied: GL 644, 5–7 (Gib den Boten Kraft und Mut)

22. Empfindlich oder empfänglich?

(Bußgottesdienst für Priester, evtl. im Rahmen eines Konveniats)

Lied: GL 241,1–3 (Komm, Heilger Geist)

Einleitung

Im Jahre 1976 gab Weihbischof J. M. Reuss unter dem Titel »Seelsorge ohne Priester?« einen Sammelband heraus, in dem auch P. Matussek, Professor und Leiter der Forschungsstelle für Psychopathologie und Psychotherapie in der Max-Planck-Gesellschaft München, aus seiner Sicht die menschliche Situation des Priesters zu analysieren versucht. Er stellt vor allem »eine weitverbreitete Resignation, Hilflosigkeit, vor allen Dingen das bei keinem anderen Beruf in dem Ausmaß anzutreffende Selbstmitleid« heraus. »Offensichtlich haben sich die Zölibatäre zu lange daran gewöhnt, sich das Stückchen Triebverzicht, das der Priester durch den Zölibat auf sich nimmt, von einem gläubigen Kirchenvolk entsprechend honorieren zu lassen. Die hochwürdigen Herren konnten ihre Stellungen und Privilegien genießen und sich dabei noch als Männer feiern lassen, die um Christi willen jungfräulich blieben. Um im psychoanalytischen Jargon zu sprechen: Das ›Kastrationsopfer‹ hat man sich durch Handkuß und Weihrauch, durch Anerkennung und Treue ausgiebig vergüten lassen. Solange das breite Volk das mitmachte, konnte ein Standesmerkmal nicht auffallen, das den Gläubigen in jüngster Zeit immer stärker bewußt wird: die Empfindlichkeit der Priester oder – psychologisch ausgedrückt – die leichte narzißtische Kränkbarkeit des Zölibatärs« (S. 99).
Verständlicherweise haben diese Aussagen damals für Unruhe und Unmut gesorgt – und vermutlich stoßen sie auch heute auf Widerstand. Aber vielleicht sollten wir den Ratschlag von Weihbischof Reuss beherzigen: Trotz zugespitzter Formulierungen könnten die Überlegungen Matusseks Gegenstand einer ernsthaften Gewissenserforschung sein ...

Lied: GL 241,4–5 (Entflamme Sinne und Gemüt)

Gebet

Gott,
du kennst uns besser, als wir uns selber kennen.
Du weißt, wie sehr wir
der Änderung und Umkehr bedürfen.
Aber du trittst nicht mit Gewalt an uns heran
oder mit List.
Du kommst zu uns mit deinem Wort –
deinem offenen und guten,
deinem fordernden und heilenden Wort.
Gib, daß wir heute nicht ausweichen,
daß wir uns öffnen und dein Wort annehmen.
(Meßbuch, S. 317)

Fragen zur Gewissenserforschung

1. Empfindlich?
Wie reagiere ich, wenn auf der Straße jemand zu mir sagt: »Herr Pfarrer, die Predigt am Sonntag hat mir gar nicht gefallen!«
Wie verhalte ich mich, wenn im Pfarrgemeinderat einer aufsteht und einen Gegenvorschlag zu meiner Meinung überzeugend vorträgt?
Wenn die Gottesdienstbesucherzahlen immer mehr zurückgehen, beziehe ich das immer gleich auf mich, als persönliche Niederlage? Wie wirkt sich das im Ton meiner Predigten aus?
Wie steht's mit meiner Publikumswirksamkeit? Werde ich einen Kopf größer, wenn ich in der Zeitung zu sehen bin? Inwieweit forciere ich meine publicity – natürlich nur um der Gemeinde willen?
Bin ich gleich eingeschnappt, wenn ich in einer Versammlung nicht als erster Ehrengast begrüßt werde?
Wenn ich auch noch in reiferen Jahren auf einer kleineren Stelle bin, wie wirkt sich das auf mein Selbstwertgefühl und auf mein Verhältnis zu den Mitbrüdern in höheren Positionen aus?

2. Empfindsam?
Bin ich (noch) empfindsam? Oder hat mich die Routine zu einem kühlen Verwaltungsbeamten gemacht?
Kann ich mich in andere hineindenken?
Bemühe ich mich, in Krisensituationen einfühlsame Worte zu finden – oder spule ich angelernte Floskeln ab?
Höre ich im banalen Gespräch die Untertöne heraus, wenn jemand ein persönliches Gespräch mit mir sucht, aber nicht weiß, wie er es beginnen und wie er sein Problem zur Sprache bringen soll?

Kann ich noch zuhören? Oder bin ich ständig selbstredend, mit meinen Gedanken woanders, mit meinem Blick verstohlen auf der Uhr?
Meine ich immer, es selbst am schwersten zu haben?
Sehe ich, daß auch Menschen in anderen Berufen und Ständen schwere Belastungen zu tragen haben?
Weiß ich, daß jeder Mensch einmalig ist und eine eigene Geschichte mit Gott hat, und es deshalb unmenschlich und theologisch nicht zu verantworten ist, bei Taufen und Hochzeiten Standardpredigten aus dem Akt zu ziehen?
Kann und traue ich mich, ehrliche Gefühle zu zeigen?
Ist meine Anteilnahme an Krankenbetten ehrlich gemeint?
Trage ich die Anliegen und Sorgen der Kranken und ihrer Angehörigen im Gebet wirklich mit?
Wenn ich an die letzten Wochen denke: Habe ich bei der Feier der Liturgie etwas empfunden – oder nur den Ritus pflichtgemäß abgespult?
Habe ich auf dem Konveniat ein Auge und ein Gespür dafür, was in Mitbrüdern vorgeht?

3. Empfänglich?
Bin ich empfänglich dafür, wenn sich etwas Neues in der Pfarrei regt, ein neuer Vorschlag kommt – oder schmettere ich das ab?
Bin ich empfänglich dafür, wenn in der Pfarrei, in der Diözese neue Wege eingeschlagen werden – oder haue ich sofort aus Angst die Bremse rein?
Bin ich noch empfänglich für das Schöne, für das Unverzweckte?
Kann sich mein Auge noch an einem Bild freuen?
Kann mein Ohr noch Musik genießen?
Nehme ich mir Zeit für einen Spaziergang? Für einen Konzert- oder Theaterbesuch?
Bin ich empfänglich für das Wort der Bibel, für das rege Gewissen der Literaten und Schriftsteller?
Lese ich in der Bibel – nicht nur den nächsten Predigttext? Nehme ich mir Zeit zum Lesen von Gegenwartsliteratur?
Bin ich empfänglich für neue Gedanken in der Theologie – oder vertrete ich den Grundsatz: semper idem?
Bin ich überhaupt noch empfänglich für den lebendigen Gott? Rechne ich damit, daß er auch in fortgeschrittenen Jahren mit mir noch eine Entwicklung vorhat?

Schrifttext

Die Verkündigungsstelle aus dem Lukasevangelium ist unter Pfarrern ein beliebter Text. Durch den »Engel des Herrn« sind die biblischen Worte in Fleisch und Blut übergegangen. Meistens bleibt unser Augenmerk bei dem Wunder der Menschwerdung und der demütigen Haltung Mariens hängen.
Merken wir eigentlich noch, daß das Wunder vorher beginnt: Da ist ein Mensch offen für völlig neue und unverständliche Wege. Das nennt die Bibel »Empfänglichkeit«.

Schriftstelle: Lk 1,26–38

Allgemeines Schuldbekenntnis – Zusage der Vergebung

Gemeinsames Gebet

GL 7,6 (von Thomas von Aquin)

Vaterunser – Segen

Schlußlied: GL 261 (Den Herren will ich loben)

Materialteil

HERR,
gib mir die richtigen Worte
gib mir den richtigen Ton.
Worte, die deutlich für jeden
von dir reden,
gib mir genug davon.
Worte, die klären,
Worte, die stören,
wo man vorbeilebt an dir;
Wunden zu finden
und sie zu verbinden,
gib mir die Worte dafür.

2. Wer vor der Tür?
»Ein Weib mit ihrem Mann.«
Was wollt denn ihr?
»Hört unser Bitten an!
Lasset heut' bei euch uns wohnen,
Gott wird euch schon alles lohnen!«

Was zahlt ihr mir?
»Kein Geld besitzen wir!«
Dann geht von hier
»O öffnet uns die Tür!«
Ei, macht mir kein Ungestüm,
da packt euch, geht woanders hin!

3. Was weinet ihr?
»Vor Kält' erstarren wir.«
Wer kann dafür?
»O gebt uns doch Quartier!
Überall sind wir verstoßen,
jedes Tor ist uns verschlossen!«
So bleibt halt drauß'!
»O öffnet uns das Haus!«
Da wird nichts draus.
»Zeigt uns ein andres Haus.«
Dort geht hin zur nächsten Tür!
Ich hab nicht Platz, geht nur von hier!

4. Da geht nur fort!
»O Freund, wohin? wo aus?«
Ein Viehstall dort!
»Geh, Joseph, nur hinaus!
O mein Kind, nach Gottes Willen
mußt du schon die Armut fühlen.«
Jetzt packt euch fort!
»Oh, dies sind harte Wort'!«
Zum Viehstall dort!
»Oh, wohl ein schlechter Ort!«
Ei, der Ort ist gut für euch;
ihr braucht nicht viel. Da geht nur gleich!

Aus: J. Weber-Kellermann, Das Buch der Weihnachtslieder, 5. Aufl., Mainz–München 1988, S. 68–70.

Lobet den Herren alle, die ihn ehren; laßt uns mit Freuden seinem Namen singen und Preis und Dank zu seinem Altar bringen. Lobet den Herren.

Daß unsre Sinnen wir noch brauchen können und Händ und Füße, Zung und Lippen regen, das haben wir zu danken seinem Segen. Lobet den Herren.

Dieses Blatt dürfen Sie zur persönlichen Besinnung gerne mitnehmen.

BESINNUNG AUF UNSERE SINNE

- UNSER AUGE
- UNSER OHR
- UNSER MUND

BESINNUNG AUF UNSERE SINNE

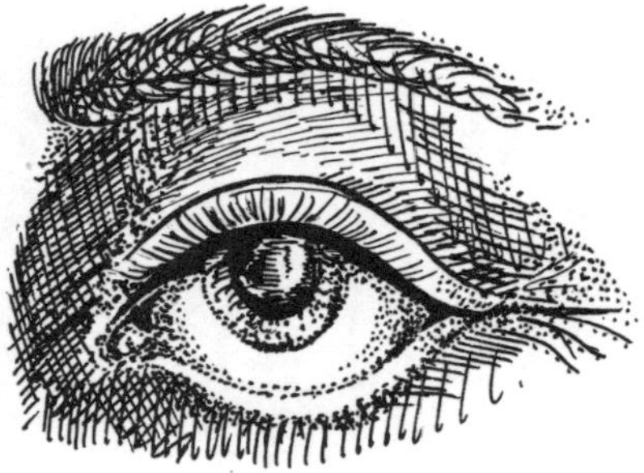

Ein gütiger Blick
sagt mehr
als zehn schöne Worte

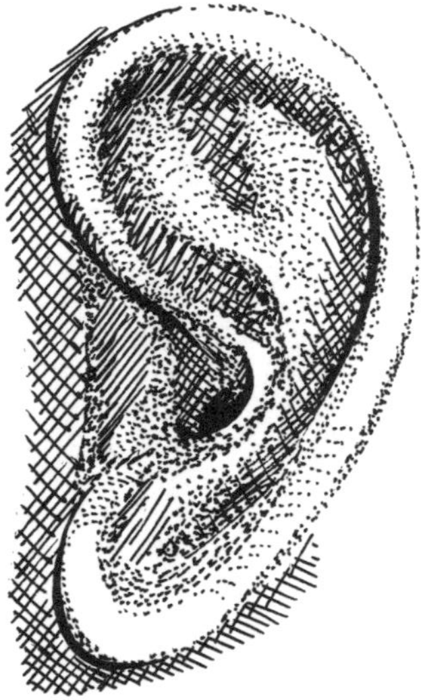

Das wäre schön,
wenn unsere Ohren
direkt mit unseren Herzen
verbunden wären

Sagt Gutes
zueinander,
ehe es zu spät ist

Das Mahl

20 Als es Abend wurde, begab er sich mit den zwölf Jüngern zu
Tisch. 21 Und während sie aßen, sprach er: Amen, ich sage
euch: Einer von euch wird mich ausliefern. 22 Da waren sie
sehr betroffen, und einer nach dem anderen fragte ihn: Bin
ich es etwa, Herr? 23 Er antwortete: Einer, der die Hand mit
mir in die Schüssel taucht, wird mich ausliefern. 24 Der Men-
schensohn muß zwar seinen Weg gehen, wie in der Schrift
über ihn gesagt ist; doch weh dem Menschen, durch den der
Menschensohn ausgeliefert wird! Für ihn wäre es besser, er
wäre nicht geboren. 25 Da fragte Judas, der ihn ausgeliefert
hat: Bin ich es etwa, Rabbi? Er sagte zu ihm: Du bist es.
(Mt 26,20–29)

Die Auswahl der zwölf Jünger

10 Dann rief er seine zwölf Jünger zu sich und gab ihnen die
Macht, unreine Geister auszutreiben und alle Krankheiten
und Leiden zu heilen. 2 Die Namen der zwölf Apostel sind: an
erster Stelle Simon, genannt Petrus, und sein Bruder Andreas,
dann Jakobus, der Sohn des Zebedäus, und sein Bruder Johan-
nes, 3 Philippus und Bartolomäus, Tomas und Mattäus, der
Zöllner, Jakobus, der Sohn des Alfäus, und Taddäus, 4 Simon
Kananäus und Judas Iskariot, der ihn verraten hat. (Mt 10,1–4)

Der Verrat des Judas

14 Darauf ging einer der Zwölf namens Judas Iskariot zu den
Hohenpriestern 15 und sagte: Was wollt ihr mir geben, wenn
ich ihn euch ausliefere? *Sie zahlten ihm dreißig Silberstücke.*
16 Seitdem suchte er nach einer Gelegenheit, ihn auszuliefern.
(Mt 26,14–16)

Die Wahl des Mattias zum Apostel

15 In diesen Tagen erhob sich Petrus inmitten der Brüder – es
waren im ganzen etwa hundertzwanzig – und sagte: 16 Brü-
der! Es mußte sich das Schriftwort erfüllen, das der heilige
Geist durch den Mund Davids im voraus über Judas gespro-
chen hat. Judas ist zum Anführer derer geworden, die Jesus
gefangennahmen. 17 Er gehörte zu unserer Zahl und hatte An-
teil am gleichen Dienst. 18 Mit dem ungerechten Lohn erwarb
er sich ein Grundstück. Dann aber stürzte er vornüber, sein
Leib brach auf, und alle Eingeweide fielen heraus. 19 Das
wurde allen Einwohnern Jerusalems bekannt, so daß jenes
Grundstück in ihrer Sprache Hakeldamach genannt wurde,
das heißt Blutacker. 20 Denn es steht geschrieben im Buch der
Psalmen: *Sein Gehöft soll zur Öde werden, niemand soll darin*
wohnen, und: *Sein Amt soll ein anderer erhalten.*
(Apg 1,15–20)

Salbung in Betanien

1 Sechs Tage vor dem Paschafest kam Jesus nach Betanien, wo Lazarus war, den er von den Toten auferweckt hatte. 2 Dort bereiteten sie ihm ein Gastmahl; Marta sorgte für den Tisch, und Lazarus war einer von denen, die mit Jesus zu Tisch lagen. 3 Maria aber nahm ein Pfund echtes, kostbares Nardenöl, salbte die Füße Jesu und trocknete sie mit ihren Haaren; das Haus wurde vom Duft des Öles erfüllt. 4 Da sagte einer von seinen Jüngern, Judas Iskariot, der ihn verraten sollte: 5 Warum hat man dieses Öl nicht für 300 Denare verkauft und den Erlös den Armen gegeben? 6 Aber er sagte das nicht, weil er sich um die Armen sorgte, sondern weil er ein Dieb war und die Einkünfte aus der Kasse, die er verwaltete, zu entwenden pflegte. 7 Jesus erwiderte: Laß sie gewähren! Sie sollte es für den Tag meines Begräbnisses aufheben. 8 Denn die Armen habt ihr immer bei euch, aber mich habt ihr nicht immer bei euch. (Joh 12,1–8)

Die Gefangennahme

47 Während er noch redete, kam Judas, einer der Zwölf; bei ihm war eine große Schar von Männern mit Schwertern und Knüppeln, die von den Hohenpriestern und Ältesten des Volkes geschickt waren. 48 Der Verräter hatte mit ihnen ein Zeichen vereinbart und gesagt: Nehmt den fest, den ich küssen werde! Er ist es. 49 Sogleich ging er auf Jesu zu und sagte: Sei gegrüßt, Rabbi! Und er küßte ihn. 50 Jesus erwiderte ihm: Freund, tu, wozu du gekommen bist! (Mt 26,47–50)

Das Ende des Judas

3 Als nun Judas, der ihn dem Hohen Rat ausgeliefert hatte, sah, daß Jesus zum Tod verurteilt war, reute ihn seine Tat. Er brachte den Hohenpriestern und Ältesten die dreißig Silberstücke zurück 4 und sagte: Ich habe Unrecht getan und einen unschuldigen Menschen ausgeliefert. Sie antworteten: Was geht das uns an? Das ist deine Sache. 5 Da warf er die Silberstücke in den Tempel und ging weg; dann erhängte er sich. 6 Die Hohenpriester nahmen die Silberstücke und sagten: Es ist nicht erlaubt, das Geld in den Tempelschatz zu tun, denn es klebt Blut daran. 7 Und sie beschlossen, von dem Geld den Töpferacker zu kaufen als Begräbnisplatz für die Fremden. 8 Deshalb heißt dieser Acker bis heute Blutacker. 9 So erfüllte sich das Wort des Propheten Jeremia: *Sie nahmen die dreißig Silberstücke, den Preis für den, dessen Wert von Israeliten so eingeschätzt wurde, 10 und gaben das Geld für den Töpferacker, wie mir der Herr befohlen hatte.* (Mt 27,3–10)